田口佳史

老子の無言

人生に行き詰まったときは老荘思想

光文社

本書は『老子の無言』（二〇一一年、光文社刊）を
加筆修正のうえ、文庫化したものです。

はじめに

「愉快に生きていますか？」

そう問われ、顔を輝かせて「はい！」と答えられる人は、どのくらいいるでしょうか。「まさか」と苦笑まじりにため息をついたり、「まったく逆だよ」と顔をしかめたり、「くだらないことを聞くな」とばかりにそっぽを向いたり。反応はたいてい、そんなところでしょう。

「愉快などころか、苦しいこと、つらいことばかり」

いまは〝上り坂〟とは言い難いご時世ですから余計に、がんばってもむなしいような、閉塞感に息が詰まるような気分になっている人が多いのかもしれません。私が講師を務める東洋思想、とりわけ老荘思想のセミナーや講演には、

「競争のなかで身をすり減らしたり、さまざまな悩み事に心が煩《わずら》わされたりすることなく、もっとラクに、愉快に、幸せに生きられないか」

そのための支えを求めて、大勢の方がやって来ます。

少々の戸惑いを覚えながらも、多くの方が老荘思想に関心を持つのは喜ばしいことだと思っています。なぜなら受講生のみなさんが、自身の置かれた状況に何かしら問題が生じていることを、人生を「苦」から「楽」へ大きく転換させるチャンスであると捉《とら》えていることが、見てとれるからです。

人は問題に出くわすと、何とかしようと考える。だからこそ、その問題を乗り越えて、より良い人生を生きる道を開いていくことができるのです。その道は、名人・達人の境地に続く道でもあります。

老荘思想は、そんな人生の転換期に非常によく効く〝一服の清涼剤〟になりうるもの。おそらく本書を手に取ったみなさんは、そのことを無意識のうちに感じたのではないでしょうか。人生においては、自分を良い方向へ引っ張ってくれる、そういう「見えない力」が働くものなのです。

閉塞感を打破するために、苦しみから解放されて愉快に生きるために、老荘思想にヒントを求める、それは非常に良い選択だと思います。

上り坂の儒家、下り坂の老荘

ついでに言っておくと、俗に「上り坂の儒家、下り坂の老荘」と言われるように、儒家の思想と老荘思想を使い分けることを、私はお勧めしています。

儒家も老荘も「現世を肯定する」という部分では同じ。欲望も肯定しているし、立身出世や富を求めることも肯定しています。

ただ社会のあり方について、儒家の思想が「現行肯定プラス改善」、つまり現在の状況を受け入れたうえで改善を要求するのに対して、老荘思想は「現行否定」、つまり現在の状況を否定して、根本から変えていこうというものです。

それがなぜ、上り坂・下り坂になるのか。

仕事でも人生でも、うまくいっている上り坂のときは、基本的にやり方を変える必要はありません。問題が生じない限り、好調のままどんどん進んでいくべきでしょう。だから、「現行肯定プラス改善」の儒家の思想でいく。

一方、何をやってもうまくいかない下り坂のときは、やり方を百八十度変えて革新する必要があります。下り坂なのにまだ儒家の思想でいこうとすると、「まだ足りない。もっと努力しろ」となるので、間違った道を更に遠くに行ってしまい、苦しくなってくるのです。やり方を間違えたから下り坂になっているのですから、やり方を変えなければなりません。

「現行否定」の老荘思想を思考のバックグラウンドにして、自らに「考え方が間違っていないか?」「やり方がまずいんじゃないか?」「いろんな制約にがんじがらめにされていないか?」と問いかけ、根本から変えていくほうがいい。

こんなふうに、状況に応じて儒家の思想と老荘思想を使い分けることを「上り坂の儒家、下り坂の老荘」と言うわけです。自分で「下り坂だなぁ」と実感するような状況では、老荘思想でいくのがいいんですね。

すでに儒家の思想については、『論語の一言《いちげん》』(光文社刊)という本を出させていただきました。本書『老子の無言』とセットで読んでいただくと、中国の二大古典思想を軸に愉快な人生を歩むヒントになると自負しています。

あの世から帰って、老子に出会った

私自身が老荘思想に出会ったのは、「人生のどん底」とも言える状況のなかでした。

それは、四十数年前のこと。二十五歳の私は、タイのバンコク郊外にある農村で記録映画の撮影をしていました。そのとき、ふだんは穏やかな水牛が、突如、私に向かって突進してきたのです。

私はなすすべもなく、血祭りにあげられました。水牛の角に体を切り裂かれ、内臓が飛び出すほどの重症を負ったのです。生死の境を彷徨《さまよ》うこと十日、奇跡的にあの世から帰って来ることができたのでした。

といっても、そこからがまた地獄の苦しみ。回復の見込みがないままに、絶え間なく襲ってくる激痛に身をよじらせながら、何度生きることに絶望したか。そのとき、ワラにもすがる思いで手に取ったのが、事故を伝え聞いた方が見舞いに持って来てくれた一冊の本――『老子』でした。

その本には、漢語の原文と書き下し文が書かれていただけ。それまで中国古典思想に親しんだことのない私に読めるはずもありません。ところが、難しいはずの言葉がスラスラと頭に入り、心に染み渡ったのです。

ふしぎなこともあるものですね。たぶん、生きるよすがを求めてやまない私の魂が、『老子』という本に込められた〝言霊《ことだま》〟と、理屈抜きで共鳴し合ったのでしょう。それほどに強く、生きる希望を訴えかけてくる言葉でした。

そんな経験もあって、私は老荘思想について話すとき、受講生のみなさんにこう申し上げています。

「一言一句を解釈しようとせずに、理屈を学ぼうとせずに、感じてくださいね。老荘思想というのは、人間が本質的に大事にしなければならない、見えない・聞こえない・つかめないものを、理屈抜きで感じ取るところに、すばらしさ、おもしろさがあるのです」

実はここにこそ、私は本書のタイトルに冠した「無言」の意味を込めています。

一言で言えば、「無」を説いているのが老子です。我々が暮らすこの社会には、種々雑多の肉眼で見えるものがあふれています。「有」の世界ですね。でも、この「有」の世界は「無」の世界、見えない世界が生んだものだとしています。

「有は無より生ず」――。

したがって、無に帰ることが大切なのだ、と老子は説いているのです。

さらに、「言葉は当てにならないものだ」とも言っています。たとえば、いま目の前にある茶碗を、正確無比に言葉で説明しようとしても、言葉に出した瞬間から、その一部しか表現できません。言葉には限界があるのです。

では、どうしたら良いのかと言えば、茶碗を手に取り、両手で包み、手の平で心をこめてさすることだと言います。すると手の平の感触で、茶碗のほとんどすべてが「実感」されるのです。

実感して知ることを「体得」といいます。体で承知することです。これこそが大切なことだと老子は言っているのです。

我々は何を表現するにも、理解するにも、つい言葉に頼ってしまいがちです。しかし、だからこそ言葉を絶対視しないで、言葉以上の理解をもたらす、実感による体得を重視することが大切である。それが、「無言」の意味するところなのです。

本書でも、この方針に沿って、『老子』『荘子《そうじ》』の逐語訳による解説には重きを置いていません。困難にぶち当たったり、生き方に迷いが生じたりする自分自身の境遇と重ね合わせながら、老荘思想を感じていただきたい。そう願って、珠玉の言葉にアプローチしていきたいと考えています。

『老子』は上下巻・八十一章・約五千四百字から成る書物。上巻「道経」と下巻「徳経」をとって『道徳経』『老子道徳経』とも呼ばれています。

一方、老子の学統を受け継ぎ発展させた『荘子』は、内篇七篇・外篇十五篇・雑篇十一篇、全六万五千字余りの大作で、寓話を多く用いている点が特徴的です。

「生きてるだけで百点！」

私が老荘思想から得た生き方の根本は、わかりやすく言えばこの一言に集約されます。

どんな状況にあろうとも、

「生きてるだけで百点！　ほかに望むことは何もない」

と思えることで、心が晴れ渡り、人生が本当に豊かになったような気がします。

そう聞くと、「困難から逃げるのか」「欲望を消し去るのか」「より上を目指すことをあきらめるのか」と思うかもしれませんね。

でも、それは違います。むしろ、逆です。

どんな困難も「悩むほどのことはない」と平常心で受け止められるので、目先のことに煩《わずら》わされることも、世に蔓延《まんえん》する価値観やシガラミにからめとられて自分自身を見失うこともなくなるのです。

自分自身の生き方を曇りのない目で見つめられる、という感じでしょうか。私はそれを「絶対自由の境地」と呼んでいます。

「自由」の上に「絶対」がついているところに注目してください。誰かと、何かと比べて自由なのではなく、「私が」自由だ、という感覚を持つことが大事なのです。

この感覚が得られると、困難や苦しみさえも楽しみながら、自分を磨き、自らの思うところに従って愉快に生きていくことが可能になります。名人・達人の領域に達し、そこに遊ぶがごとく生きることができるんですね。

まだピンとこないでしょうけれど、老荘思想を知れば、「生きてるだけで百点！」とする生き方が名人・達人の域に達する方法でもあることを、必ずや実感できると思います。

受講生の方々の多くも、最初のうちこそ「生きてるだけで百点とはとても思えない。現実はこうだ、ああだ……」などと反発されますが、しだいに「そうだよなぁ」と老荘思想の世界に引き込まれていくようです。

「老荘の説くところを感じるにつれて、物事の見方・考え方がガラリと変わって、何だかラクになった。生きる方向性を見出せた気がする」

そういった感想をよく耳にします。愉快に生きるための大きな第一歩を踏み出していただけたのではないかと思いますね。

世に「名人」「達人」と呼ばれる人の多くが、実は老荘思想の実践者です。わかりやすい例として、私が「現代の老荘思想実践者」として注目している野球のイチロー選手をはじめとする、一流人のすごさについても触れていきたいと考えています。

本書を読み終えたとき、みなさんの心のなかで「老荘思想的生き方」の芽がぐんぐん伸びていくことを、心より願っています。

田口佳史

老子の無言　目次

第三章

やり過ぎていないか

——「小欲」は「大欲」に通じる

第四章 無用の戦いをしていないか

――「戦わずして勝つ」ための極意

第五章 強くあろうとしていないか

――柔弱は剛強に勝る

第六章 「絶対自由の境地」とは

――目指せ、名人・達人の領域

第一章

生き方の手本は「道」にある

——道のあり様を自己のあり様とする

万物は「道」から生まれた

最初に、質問です。

「宇宙に、万物に、根源はあると思いますか？」

ここで「ない」と答える人は、まずいないでしょうね。

根源がないとなると、天地はどこから生まれたのか、我々の住む地球はどこから生まれたのか、自分を含めて生きとし生けるもののすべてはどこから生まれたのか……ということになり、あらゆる存在を否定することになってしまいますから。

ただ、私たちはふだん、万物の根源はあるか、自分はどこから生まれてきたか、などということは気にしていません。改めて問われると、「そりゃあ、生まれてきた以上は、どこかにモトがあるよなぁ。それが何かはわからないけど」という感じでしょうか。

老荘思想はそういう漠《ばく》とした感覚を突き詰めたもので、その万物の根源を「道」としています。中国で老荘思想を「タオ＝道」と呼ぶのは、ここに由来しています。

言葉で説明すると、「道」というのは宇宙のありとあらゆる存在の母親のようなものです。現実的に捉える自分自身は、お母さんがお父さんの力を借りて生んでくれたのですが、先祖を遡《さかのぼ》って、遡って、遡った先の、時空を超えたところに万物の根源としての「母なる道」がある。そんなふうに認識してください。

つまり、誰もが〝道の片割れ〟なんですね。

とはいえ、「道」は見えない・聞こえない・つかめない。でも、「たしかにある」と感じることはできる。そういうものです。

イメージとしては、川の源泉でしょうか。

私は以前、自宅の近所を流れる多摩川の源流を見に行ったことがあります。そこでは、水がポトン、ポトンと落ちていました。そのとき、

「この源泉から水の一滴が無数に生まれて川をなし、周囲の草木や生き物の命を育んでいるんだなぁ。『道』というのは、こういう存在なのだろうなぁ」

と感じました。

「道」の何たるかがいまひとつピンとこない方は、一度、水がこんこんと湧き出る源泉を訪ねてみてもいいでしょう。何か感得するものがあると思いますよ。

「道」とともに生きる

「道」を理解していただくために、まず老子の死生観を表わした次の言葉をあげておきましょう。

出《い》でて生《い》き入《い》りて死《し》す。

（貴生第五十）

私たちはみんな、「道」の一員としてこの世にやって来ました。その瞬間が「出でて生き」、つまり出生ですね。

そうして人生を生き、どこかで折り返し点を曲がって、最後はまた「道」に還《かえ》って行く。仏教では僧が死ぬことを「入滅《にゅうめつ》」とか「入寂《にゅうじゃく》」と言いますが、老荘思想では、「道」に入る、つまり母なる道の懐に還ることが死を意味します。

瀕死の重傷を負って、「明日、死ぬかもしれない」という状況でこの一言を読んだとき、私には万感迫るものがありました。それまで心に渦巻いていた、死ぬことに対する恐れが、スーッとなくなっていったのです。

「そうか、死ぬというのは、とんでもなく遠くへ、怖いところへ行くわけではないんだな。故郷の母親の元に還ることなんだな。

自分はいま、この世に旅行に来ているようなものだ。誰もが旅行に出たら、やがて家に帰るように、人生という旅に出た人間は、死ねば『道』という故郷に還るんだ」

そう思えて、ずいぶんと心がラクになったことを覚えています。

旅に出ていると思えば、つらいことや苦しいこと、不便に思うことなど、あって当たり前。それこそ「旅をしているだけで百点！」です。そんなマイナスの状況をも楽しみながら、もっと楽しく、愉快に旅を続けようという気持ちにもなれます。旅行とは、そういうものですよね？

帰るべき故郷があると思うだけで、逆に生きる意欲がどんどん膨らんでいくのです。

「人生とは、道を出て道に還る旅である」

こういう死生観を持つと、いたずらに死を恐れたり、生きる気力が萎《な》えてしまったりすることはなくなります。

人生という旅の酸《す》い・甘いを存分に味わい、たくさんの〝土産話〟を携《たずさ》えて故郷に帰ろう。そんな気持ちになるのではないでしょうか。

「道」は、そのくらい明るく人生を生きる支えになる、自分自身の根源でもあるのです。

このことをまず、しっかりと心に刻んでおいてください。

「道」は生き方の手本

また老荘思想では、「万物の根源である『道』のあり様を、自己のあり様として生きることが、人間の生き方として自然である」としています。

『老子』では、その「道」のあり様を「徳」といい、いかにしてそれをマスターするかを説いているんですね。

なぜ「道」のあり様を自己のあり様とするのか。

それは、この世にオギャーと生まれた赤ん坊が、親を手本にして育っていくのと同じこと。「道」が万物を生んだ根源だからです。

何だか話がぐるぐる回っているようですが、ようするに万物の根源なればこそ、そこから生まれた人間が「道」に生き方の手本を求めるのは自然だ、ということです。

つまり、「道」との同行。

『老子』では、「私」はどう考えるのか、「私」はどう生きるのか、「私」は何を大切にするのかと、随所で「私」が強調されています。環境や周囲の思惑とは関係なく、「我、ひとり行く」という部分を確立することによって、「道」とともに本来の自分の人生を生きることができる、としているんですね。

こうして「道との同行」を実践する徳のある人には、必ず「道」が味方をしてくれます。「道」はえこひいきはしないけど、徳のある人や、その行いを応援してくれるのです。

「任契第七十九」にはちゃんと、そのことが書かれています。ぜひ、次の言葉を味わってください。

天道《てんどう》は親《しん》無《な》けれども、常《つね》に善人《ぜんにん》に與《くみ》す。

生きながら「無」に入る

前にも触れたように、「道」の姿は見えません。「道」が発する言葉を聞くこともできません。ましてや、「道」に触れることも、「道」をつかむこともできません。

つまり、万物の根源という、あらゆる存在にとって最も重要な本質そのものである「道」は、「無」なんです。

その「無」という存在をマスターしてくれ、というのが老子の願いなんですね。そうすれば、「道」が呈《てい》する「人間の人間たる本質」を感じ取って生きる、つまり「道」とともに幸せな人生を歩むことにつながる、ということです。

ここで大事なのは、生きながら「無」に入れるかどうか。

ある意味で、死ぬことは「無」に入ると言ってもいい。でも、死ななければ「無」に入れないのではしようがない。生きる意味がなくなってしまう。だから、生きながら「無」に入ることがポイントになるわけです。

「無」から広がる広大な世界

では、生きながら「無」に入るとは、どういうことか。日本の文化の中から、このことの例を二つ示しましょう。

一つは、老荘思想に生きた江戸期の俳人、松尾芭蕉が詠んだ次の句です。

櫓《ろ》の声波ヲうって腸《はらわた》氷ル夜《よ》やなみだ

伊賀上野（現在の三重県伊賀市）に生まれた芭蕉は、俳諧《はいかい》師になろうと三十歳くらいのときに江戸に出てきました。ところが、江戸の俳諧師は当時、〝男芸者〟のようなもの。大店《おおだな》の旦那衆の太鼓持みたいになって生きていて、失望してしまうんですね。

それで始めたのが水道工事業。けっこうな成功を収めたようです。ただ、「本当は俳諧師として生きたかったのに、いまは水道業をやってる」という状況ですから、心は満たされないわけです。

まぁ、ここまではよくある話。夢をあきらめて、まったく別の仕事をしている人は、世の中にたくさんいます。

そう考えると「水道業で成功したんだからいいじゃないか」という気もしますが、芭蕉は何と、稼業も家族もすべてを捨てて、俳諧一筋に生きる決意をするのです。三十七歳のときでした。

芭蕉は五十一歳で亡くなったので、もう晩年に差し掛かったころですね。大変な決意だったと思います。

そうして芭蕉は、江戸一番の魚屋を営む弟子の杉風《さんぷう》から、生簀《いけす》の番小屋を貰《もら》い受け、そこで暮らすようになりました。ここが後に「芭蕉庵」と呼ばれるようになったところです。

前置きが長くなりましたが、芭蕉がその番小屋に移り住んで師走の寒い日の夜に詠んだのがこの「櫓の声……」の句なのです。私の心には、こんな情景が広がります。

「すべてを捨ててしまったけれど、これから俳諧師としてうまくいくだろうか。いや、生きていくことさえも出来るだろうか……」

薄い夜具にくるまり、寒さに震えながら、不安で寝付けぬ夜を過ごしている芭蕉。

その暗闇の枕元に響いてくるのは、大川を往き交う船の艪《ろ》を漕《こ》ぐ音と波の音。

「ギィー、ギィー、ザブン、ザブン」

生命《いのち》を削る音のような、人間の断末魔の声のような。自分の人生が荒波に襲われることを暗示しているようにも感じられる。

寒さと恐怖と不安で、芭蕉は腸《はらわた》が凍る思い。我知らず、涙がこぼれる。凍《こご》えるいまの自分にとって、温かいものといえば、この涙だけだ。

味わい深いですね。侘び住まいにある芭蕉の心象風景が広がり、先行きの不安に身を震わせながら、涙の温もりに救われる様子が感じ取れます。

それまで芭蕉が詠んだ句と言えば、「かれ朶《えだ》に烏《からす》のとまりけり秋の暮」のような、こう言っては何ですが、目に見える情景をそのまま写しただけの薄っぺらい作品でした。すべてを捨てて「無」になった瞬間に、芭蕉にはそれまで見えなかったものが見え、聞こえなかった音が聞こえ、つかめなかったものがつかめるようになった。

だからこそ、「櫓の声……」のようなすばらしい句ができたと思うのです。

生きながら「無」に入るというのは、こういうことなんですね。

言ってみれば芭蕉は「玄人」、つまりふつうの人には見えない暗いところが見えるプロフェッショナルな域に入った。それによって、自らの句作の世界を高めつつ、広げていくことができたのです。これこそ「名人・達人の境地」なのです。

この芭蕉の例でわかるように、「無」はすべて失って何もなくなることのようでいて、そうではない。実はその「無」から広大無辺な世界が広がる。これ以上ないというくらい豊かに、幸せな気持ちになれるんですね。

私たちはたくさんの物に恵まれて暮らしているけれど、それは目に見える有限の世界で四苦八苦しているだけ。ちっとも自由ではありません。でも、丸裸になって「無」に入れば、汲《く》めども尽きぬ豊かさが得られる。「どちらがいいですか?」と、老荘思想は問いかけている、という見方もできます。

この話を聞いた受講生の方から、こんな質問がありました。

「視界が広がるというのはわかりましたけれども、芭蕉がその句を詠んだ状況を想像すると、とてもつらそうに感じます。心穏やかに暮らす幸せを手に入れたとは思えないんです。どう理解すればいいでしょうか」

同じような疑問を持った方も多いでしょう。

おっしゃる通りで、芭蕉はとても心穏やかではいられなかったでしょう。むしろ、心のなかには不安と苦しみが渦巻いていたと思います。

ただ、だからこそ暗闇が見える自由を手に入れた。不安と苦しみが創造の糧《かて》になったということです。

そして、すばらしい作品を創り出したその瞬間に、心がパーッと晴れる。その状態が最高に幸せなんです。

そんなふうに捉えてもらうと、「無」に入ることの意味がご理解いただけると思います。

もっとも現実問題としては、「すべてを捨てて、山に隠棲する」なんてことはムリです。大事なのは、実際にそうしないまでも、悩んだり苦しんだりしたときに、心だけ〝隠棲者〟になって「無」に入ることでしょう。

それは千利休《せんのりきゅう》の言う「市中の山居」にも通じる考え方です。

ときに「都会に暮らしながら、心は山暮らし」ということを心がけると、いいんじゃないかと思いますね。

長谷川等伯「松林図屏風」右隻　所蔵：東京国立博物館
Image:TNM Image Archives

不必要を切り捨てる

生きながら「無」に入る、もう一つの例は、『松林図』という屏風絵です。

これは、安土桃山時代から江戸時代初期に活躍した絵師、長谷川等伯《はせがわとうはく》の作品。朝靄《あさもや》に煙る松林が描かれています。

この絵を見ると、「松が数本あるだけで、松林なんてないじゃないか」と思うかもしれません。けれども朝靄が晴れたら、たしかに鬱蒼《うっそう》たる松林が現われるだろうと感じられる。

もし、これが松の木の群れを忠実に写した絵だったら、それは目に見える有限の世界で、何の広がりもない。すべての松を描いていないからこそ、無限に広がる松林がそこにあるように見えるんですね。

そういう「無」を感じさせる世界が、日本の芸術の伝統に脈々と息づいていることを忘れないでいただきたいのです。

翻って私たちの人生を考えると、この絵は、不必要を切り捨てることの重要性を教えてくれます。「見栄や外聞などは不必要の最たるもの。大事なのは自分自身がどうあるかであって、自分が自由に心を遊ばせることができなければ生きている甲斐がない。どうして、周囲にばかり目がいくのか」という発想に発展していくわけです。

「人間というのは、この世に無一物で生まれてきたんだよ。絶対的に自由なんだよ。生きるほどに余計なものがくっついてしまっただろうけど、改めて『無』に入りなさい。そこで得られる『絶対自由の境地』から、自分は何をなすべきかを考えなさい」

芭蕉の句と長谷川等伯の絵に触れると、そんな老子の声が聞こえてくるはず。じっくりと味わってみてください。

「道」は体得するもの

道《みち》の道《みち》とす可《べ》きは常道《じやうだう》に非《あら》ず。

（體道第一）

これは『老子』の冒頭の言葉です。中国古典はおしなべて、巻頭の一文に意味があります。書物のすべてを物語っているものなんです。

その大事なところで老子は、「これが『道』ですよと言葉で説明した瞬間に、それはもう『道』ではない」と言っています。

これから言葉で「道」を理解しようとしている読者にしてみれば、のっけからパンチを見舞われた感じ。どういうことでしょうか。

老子が言いたいのは、「言葉というものは、そんなに頼りになるものではない。限界があるんだ」ということです。

たとえば、「ペットボトルのお茶について、そんなものを見たことも聞いたこともない人に、言葉で説明してあげてください」と言われたら、みなさんはどう説明しますか？

まず満足な説明はできないのではないでしょうか。セミナーでもみなさん、「ペットボトルというのはビンのような透明な容器で、形状は寸胴っぽくて、中にあったかいお茶または冷たいお茶が入っていて……」としどろもどろ。なかなかリアルにイメージさせる説明はできないようです。

それくらい言葉は、何かを理解するうえで不自由なものなのです。

では、どうすればいいのかというと、老子は、

「人間が何かの真理を本当につかもうとするなら、体得しなければダメだ」

と言っているんですね。

ペットボトルのお茶なら、実際にその物を見て、触って、キャップを開けてお茶を飲んでと、すべてを経験して実感しなければ、本当に理解したことにはならない、というわけです。

一言で言うなら「現場主義」。実際に自分でその現場へ出向いて、自分の目で見て、触って確かめて、はじめて現場の実状を知ったことになる。それが、冒頭の文の表題に

もなっている「體道（体道）」、道を体得することなのです。

名前や肩書きに惑わされていないか

とくに現代は、「バーチャルリアリティの時代」と言いますか、現実に見たり聞いたり経験したりしたことのない物や現象を理解した気になることが多くなっています。この冒頭の言葉は、老子からの現代人に対する警告とも受け止められると思います。

本章では続いて、次のようなことを言っています。

名《な》の名《な》とす可《べ》きは常名《じやうみやう》に非《あら》ず。名《な》無《な》し、天地《てんち》の始《はじめ》には。名《な》有《あ》れ、萬物《ばんぶつ》の母《はは》にこそ。

「名前や肩書きに惑わされていないかい？　そんなものを取っ払わないと、物事の実体や真理はつかめないよ。もともと天地が生まれたときには、天だの地だのという名前さえなかったのだから。

万物が無数に生み出されて、収拾がつかなくなったから、それらを判別するために名前がついただけ。名前自体に中身なんかないんだよ」

そんなふうに、老子は「言葉の頼りなさ」について言い募《つの》っています。

たしかに、私たちは名声とか肩書きで人を判断しがちです。トップにいるというだけで立派な人だと思い込んでいる。もしかしたら、底辺にいる人のほうが、人間としてずっと立派かもしれないのに。

そんな〝名前のトリック〟に惑わされずに、自分の五感を信じて、自分自身を含めた人間の〝素っ裸の姿〟を感じ取る。それが重要なんだと気づかされます。

ここまで十数ページ、私は「道」を理解してもらおうと、言葉を尽くして説明してきましたが、ちょっと虚しさを感じてしまいます。私が書き連ねた言葉は、あくまでも理解の助けとしていただくためのものです。

それはそれとして咀嚼《そしやく》しながら、体験と直感によって「道」を感じ取ることに努めてください。そこにこそ、老荘思想を学ぶ意味があるのです。

この世に「いい」「悪い」はない

「自分の五感で感じ取る」ことが習慣化すると、この世のさまざまな事象を多面的に見ることができるようになります。前項と同じ「體道第一」は、次の件《くだり》に続きます。

常《じやう》無《む》は以《もつ》て其《そ》の妙《めう》を觀《み》んと欲《ほつ》し、常《じやう》有《う》は以《もつ》て其《そ》の徼《けふ》を觀《み》んと欲《ほつ》す。

ふつうはこういう読み下し文ですが、違う読み方もできます。

「常に無欲を以て其の妙を観、常に有欲を以て其の徼を観る」——。

こちらのほうが論旨に合っているのではないかと、私は考えています。

それはさておき、「欲のないまっさらな心であれば、妙《みょう》が見える。欲があると、徼《きょう》が見える」というんですね。

「妙」とは、人間社会の最上のもの。優れていて、清らかで、神々《こうごう》しい、とても澄み切った様子を意味します。一方、「徼」とは、大勢の人たちの欲と欲がぶつかり合うような、混沌とした世の中のことです。

注目すべきは、老子は「妙」がすばらしくて、「徼」が邪悪だとは言っていないこと。どちらも同じ「道」から生まれたものであって、「いい」も「悪い」もない。「道」は自分の生んだ万物に、「これは上等で、これは通俗的」といった〝等級〟は一切つけていないのです。

そういう価値観に邪魔されると本質を見落とすかもしれないから、「妙」も「徼」も両方が見える人間になることが重要だ、としているんですね。

そうすると、いままで見えなかったものが見えてくる。「無」の領域に入るわけです。つまり、「無」の世界も、「有」の世界も見える。もっと言えば、「無」の世界から「有」の世界を見ることができるし、逆に「有」の世界から背後にある「無」の世界まで見ることができるようになる。視野がぐんと広がるのです。

これまでと違う風景を見よ

なぜ、それが重要かと言うと、たとえば「目先の欲望に振り回されて、自分にとって大事なものを見失う」ような危険がなくなるからです。

これまでとは違う風景を見ることによって、「何てバカなことをしているんだろう」と気づいたり、自分が本当になすべきことがわかったりする。

一面的に世の中を見ていてはダメだ、ということです。

こういう件を読むと、ちょっとホッとしませんか？　「妙」が上で「徼」が下、といった価値観で語っていないところに、新鮮さを感じるのではないかと思います。

実際、私のセミナーを聞いた方は、こんな感想を寄せてくれました。

「思想書の性格から考えると、『妙』を知って見習いなさい、というような教えが展開するんだろうと思っていました。違うんですね。老子に『あなたはあなたでいいんだよ。ただ、ほかの価値観があることにも目を向けてごらんなさい』と言ってもらえたような気がします。『徼』ばかり見ていた自分を否定されるとつらいですが、『妙』という世界もあるんだと気づかされることで、自分自身を直視する勇気がわいてくる感じですね」

彼が言うように、私たちがふだん見ているのは、大半が「徼」でしょうね。欲望渦巻く世の中のことは、もう見飽きているくらいで、誰もがよく知っていると思います。だから、意識して「妙」を見るように努めるといいんじゃないでしょうか。

「この世に生まれた万物が織り成すあらゆる事象をつぶさに見て、自分の思うがままの人生を生きていきなさい」

そういう生き方のお手本を呈してくれるのも、また「道」なのです。

第二章

自分を見失っていないか

――〝外野の雑音〟に惑わされるな

成長とは囚《とら》われること？

よく「年をとって、頭がかたくなった」なんて言い方をしますね？

人間は成長するにつれて、いわゆる〝浮世のしがらみ〟に縛られるようになり、加えて、世間的な価値観に影響された固定観念や既成概念で物事を見るクセがつき、思考の枠がどんどん狭《せば》まってしまうからです。

年を重ねて知識や経験が増えていくことは、本来、ものの見方や発想を柔軟にするものなのですが、残念ながら、それが逆に作用する場合が多いのです。

前章で述べたような「見えないものを見る」ことをしないと、世間一般の価値観に影響されて物事の優劣をつける、そんな視点しか持てなくなるのだと思います。

セミナーなどでは、こんな質問が飛び出します。

「人はそれぞれ生まれ育った文化的環境が違うのだから、それによってものの見方や考え方が限定されて当然なのではないですか？」

「世間一般が老荘思想的な見方をするならいいかもしれませんが、自分だけがそうだと浮いてしまい、うまく生きられないのではないですか？」

私に言わせれば、そんな疑問を持つこと自体が、いろんな〝縛り〟に頭がかたくなっている証拠。その意味では、「成長とは囚《とら》われること」と言ってもいいかもしれません。それでは結果的に「自分を見失う」だけです。

ある程度〝浮世のしがらみ〟に縛られる部分はあって当然だし、環境に応じた一面的な見方をすることが必要な場面もあるでしょう。

そういう日常にあって、ときにはすべての〝囚われ事〟を取っ払った真っ白の状態で、言い換えれば赤ん坊に返ったつもりになって、自分自身の人生を考えてみることが大切なのです。

実は、赤ん坊であることこそが、老子の理想とするところです。

徳《とく》を含《ふく》むことの厚《あつ》きものは、赤子《せきし》に比《ひ》す。

（玄符第五十五）

「徳のある人は赤ん坊のようだ」と言っています。続く文章に、その理由が次のように説明されています。

「赤ん坊は毒虫に刺されることもなければ、猛獣や猛禽《もうきん》に襲われることもない。赤ん坊は骨が弱く、筋肉が柔らかいにもかかわらず、何かをつかんだら絶対に離さないほどのすごい力で手をギュッと握る。

赤ん坊はまだ男女の交合を知らないのに、勃起が起こるくらい精力が充実している。赤ん坊は一日中泣いていても、声がかれることはない。純粋無垢《むく》な心で生きる、そのエネルギーにあふれているからだ」

言われてみれば、なるほど赤ん坊は人間の本来あるべき姿だと思いませんか?

赤ん坊というのは、まだ世間の垢《あか》にまみれていなくて、でも生命力にあふれていて、すべてをあるがままに見て受け入れる、柔軟性に富んでいるのです。それが「道」のあり様を自己のあり様にして生きる「徳」につながっているわけです。

赤ん坊の柔軟性を理想とせよ

けれども、人はたいていの場合、だんだん欲にまみれていって、壮年期にもなれば「出世したい」「金儲けをしたい」「名声を得たい」といった考えに囚われるようになります。それが生き方を不自由にしているだけではなく、「道」のあり様からはずれた行為に終始することになってしまう。

年齢とは関係なく、老子はそういう生き方に警鐘を鳴らしています。

物壮《ものさか》んなれば則《すなは》ち老《お》ゆ。之《これ》を不道《ふだう》と謂《い》ふ。不道《ふだう》なれば早《はや》く已《や》む。

「道」のあり様を自己のあり様として生きることをせずに、欲に血道をあげていると、早死にしてしまうよ、というのです。そうならないためには、壮年になっても赤ん坊のときの純粋無垢な自己のあり様を忘れないようにすることが大切なのです。

老子はまた、「戒強第七十六」でこんなことも言っています。

人《ひと》の生《う》まるるや柔弱《じうじやく》なり。其《そ》の死《し》するや堅強《けんきやう》なり。

ここは「生命力にあふれた赤ん坊は柔軟性に富んでいる。死に近づけば近づくほど、人はかたくなる」というような意味です。まだ若いのに頭がかたいというのは、頭が死んでいると考えてもいいでしょう。

よけいなものに囚われることなく、頭を柔軟に保つことが、自分を見失わずに「道」のあり様を自己のあり様として生きる大きなポイントと言えそうです。

「相対評価」で物事の真価は測れない

「養身第二」の章は、こんな言葉で始まります。

天下《てんか》皆美《みなび》の美《び》たるを知《し》る、斯《こ》れ悪《あく》のみ。

「みんなが『美しいねぇ』と言っているとしても、それは醜いものに比べて評価した言葉だろう？　もっと美しいものがあったら、人はそれを美しいと言うだろうか」

これは、老子特有の言い回し。さらに老子は、こんなふうに畳み掛けます。

「有・無だってそうだ。『私は金がない』と言ったって、もっとない人だっている。長い・短いも、高い・低いもそう。みんな、相対評価で判断していることじゃないか。それに、物音と人間の声にいい・悪いはないし、前も後ろも単なる順番でしかない」

ようするに、何かと比べてどうこう評価することなど意味がないと、老子は断じているのです。

「無為不言」の教え

私たち人間の社会は、多くの物事を相対評価しがちです。たとえば、「そんな難しい仕事はできません」と言う場合も、いままでやってきた仕事に比べて難しいというだけ。もっと難しい仕事をすれば、同じ仕事が簡単に思えることもありますよね。

相対的に物事を見ることで、いかに思考が不自由になっているか、物事の本質を見逃しているか、ということに気づかされます。

老子は、

「物事を見るときは、絶対的な個性で評価しなくてはいけない。そのものだけが有するオンリーワンの個性を見るべきだ」

と主張しているのです。そうでないと、物事の見方が貧弱になってしまう。心が解放されない、と言うんです。

そして「聖人」、つまり道のあり様を自己のあり様として生きる徳のある人とは、どういう人なのかということが、次の一文で示されています。

聖人《せいじん》無爲《むゐ》の事《こと》に處《を》り、不言《ふげん》の教《をしへ》を行《おこな》ふ。

（養身第二）

これは『老子』を象徴する「無為不言」の教えです。

「無為」とは、自然のままで作為のないこと。反対語の「人為」を考えると、意味が理解しやすいのではないかと思います。

「人」と「為」の二文字をくっつけてみると、「偽」という文字になりますね。「偽」を「にせ」と読むのは、人為的に物事を推し進めていくと、やがて〝ニセモノ〟になる、という意味があるからなんですね。

最近の例で言えば、度重なる「食品偽装事件」がそう。企業の失策は、食品の価値を人為的に高めようとした結果と見ることができます。ろくなことにはならないのです。

こういった例を見るにつけ、「あるがままに」物事を捉え、「あるがままに」行動することの大切さがわかります。

一方、「不言」とは、文字通り何も言わないこと。言葉にすると、どうしても相対的な意味合いが出てしまいがちだから、語らないほうがいい、ということです。

その「無為不言」がどうして「聖人」のものなのかと言うと、私たちのお手本である「道」がそうなのです。

「道」は万物を生み出すという立派なことをしているけれども、「万物あるのはすべて自分のおかげなんだよ」などと主張しない。その功を誇って頂点に居座ることもせず、いまも淡々と万物を生み続けている。それが徳のある人の生き方なのです。

私はよく「功成り名遂げた時点でもう、その事業や会社は、その人にとって出がらしのお茶だよ」と言っています。そこまでのプロセスが重要なのであって、功成り名遂げた瞬間に次の挑戦に向かって歩を進めるのが、道をお手本にした生き方だと思うのです。

比較せず自由に物事を見よ

ここで老子が示している「相対的な見方」の頼りなさについては、荘子も説いています。その一つ、「齊物論第二」には、次のような件があります。

物《もの》は彼《かれ》に非《あら》ざる無《な》く、物《もの》は是《これ》に非《あら》ざる無《な》し。彼《かれ》に自《よ》れば則《すなは》ち見《み》えず、自《みづか》ら知《し》れば則《すなは》ち之《これ》を知《し》る。故《ゆゑ》に曰《いは》く、彼《かれ》は是《これ》より出《い》で、是《これ》も亦彼《またかれ》に因《よ》る、と。彼是《ひし》

方《なら》び生《しやう》ずる説《せつ》なり。

「彼」と「是」、あっちだ、こっちだという言い回しで頭が混乱してしまいそうですが、ようするにこう言っています。

「二つのものを見比べて、どちらがいい・悪いと評価するのは無意味だよ。視点の違いで見え方が変わるだけのことで、一つひとつの価値に優劣はない。二つのものは並び生ずるものなんだ」

また、同様に荘子は、「生きる・死ぬ」も「可能・不可能」も「是・非」も相対的に認識するものに過ぎないとしています。そして、

「そんなものに振り回されて命を削るなんて、まっぴらごめんだ。私は相対する二つのものを天から同時に見るよ」

と言うのです。

そのうえで、「一番いいのは、枢《すう》になることだ」としています。

「枢」とは「とぼそ」、つまり開き戸の上下に設けた心棒の突起を入れる枠のくぼみのこと。戸がくるくる回るようにした仕掛けを意味します。

こういう戸は開いていてもよし、閉まっていてもよし、無限に変化に応じるのです。そんなふうに、どちらかに囚われることなく、物事を見るのがいい。

もっと言えば、何かと比べてあちらがいい、こちらがいいと悩まずに、いま自分に与えられているものが一番いいと思うべきではないか、と言うのです。

そんなふうに、相対評価から離れて自由に物事を見る「囚われない明知」——この優れた知恵が人間にはあるのだから、何もわざわざ比較して悩むことはないと、荘子は説いているように思います。

同じ章の中ほどに、有名な「朝三暮四《ちょうさんぼし》」という言葉が出てきます。これは、口先でうまく人をだますことを意味するものです。

狙公《そこう》つまり猿回しが、猿にドングリの実を与えるときに、「朝三つ、夕方四つあげよう」と言ったら、猿たちが怒り狂った。そこで、「わかった。ならば、朝四つ、夕方三つにしよう」と言うと、猿たちは非常に喜んだ。

そういうお話です。一日に与えられるドングリの実の数は同じなのに、朝にもらえる実が三粒から四粒になったことで、猿はだまされてしまったわけです。

これも、相対的な見方がいかにばかばからしいか、ということのたとえ。ようするに荘子は、目先の些細な相対的利益に翻弄《ほんろう》されずに、是非を超越したもっと大きな視点から自由に物事を捉えることを求めなさい、と言っているのです。

老荘思想のこういう件を読むと、私たちが日ごろ、相対的価値観に振り回されて、自由を奪われていることに思い当たるのではないでしょうか。

それが高じて、いまでは「比較しなければ、ものの価値が測れない」ようになっている人も少なくないはず。意識してその〝色眼鏡〟をはずすよう努めてください。

また、何かに、誰かに比べて自分が不幸だと感じるようなことがあったら、ぜひ老荘思想のこの辺りの件を思い起こしてください。少なくとも、不幸感から脱することができると思います。

物事を逆から見る

世間通念として「良くない」とされることでも、まったく逆の視点で見ると、「むしろ、すばらしいことではないか」ということがあります。

これを表わしたのが次の件。

曲《きょく》なれば則《すなは》ち全《まった》く、枉《わう》なれば則《すなは》ち直《なほ》し。

(益謙第二十二)

これは老荘思想を象徴する考え方として、よく引用される言葉です。ただ、老子が言ったというより、中国に古くから伝わる言葉なんですね。

前段は「幹が曲がりくねっているような木は、材木として使い道がない。だから、伐採されずに長生きし、年輪を重ねていく」という意味。人間社会で言えば、へり下って他と争わない人は、長生きできるということです。

ふつう、木も人間もまっすぐなほうがいいように思いますよね？　まっすぐな木はすばらしい材木になるし、すばらしく仕事の出来る人は組織にも重用されることになります。でも、「愉快に生きる」という意味では、利用され酷使されるだけなのは、おもしろくないでしょう？　社会的に見て良いとされる人より、扱いにくい個性的な人、自分の生き方を貫いている人のほうが余計な争いもなく愉快に長生きできる、と考えることもできます。

また後段は「枉《おう》」、つまり尺取虫を例にあげています。尺取虫はくねくねと身を曲げたり伸ばしたりしながら進んでいるようですが、その軌跡を見るとまっすぐだというのです。

そこから、一見クセのある生き方をしているように見えても、実際には正当な人生を歩んでいる場合だってあると、老子は言いたいのでしょう。

どんな状況も見方次第

さらに老子は、次のように続けています。

窪《わ》なれば則《すなは》ち盈《み》ち、弊《へい》なれば則《すなは》ち新《しん》なり。少《せう》なれば則《すなは》ち得《え》、多《た》なれば則《すなは》ち惑《まど》ふ。

「みんな、窪地をいやがるけれど、そこにはミネラルや水などが溜まるだろう。古いものは良くないと思われがちだけれど、古木となっても新しい芽が出てくるじゃないか。少ないからこそ確実に得られる場合もあれば、逆に多いばかりに迷ってしまうこともある。多ければいいってものじゃないんだよ」

通俗的な価値観だけで判断せずに、逆から見ればいいところもあることを忘れてはいけないと、老子は説いているんですね。これを「抱一《ほういつ》」といって、みんながお手本にしなければならないこととしています。

こんなふうに考えると、どんな状況にあっても、「捨てたもんではないな」と思えるのではないでしょうか。

そこから論理を発展させて、老子はこうも言っています。

「自分をアピールすると、その行動や言葉がジャマをして、かえって本当のすばらしさが伝わらない。何もしない、何も言わないからこそ、周囲は正当に評価するものだ。

　また、自分は名門の生まれだとか、こんなに業績をあげている、優れた能力を持っているといったことを自慢する人はトップに立てない。対抗しようという人がたくさん現われて、争いの渦に巻き込まれるだけだ。自慢なんかしないほうが、人が勝手に持ち上げてくれる。

　昔から言われている『曲なれば則ち全し』という言葉を、私たちは真摯に受け止めたほうがいい。自分の良さは世間に吹聴《ふいちょう》しないからこそ、個性として尊重してもらえるんだ」

周りに左右される人生でいいのか

誰かに褒められては舞い上がり、けなされては落ち込む。
周囲の評判を気にして、自分をよく見せようとムリをする。
立身出世を目指して、自らに鞭《むち》を打つようにしてがんばる。
社会的に認められたくて、自分が望んでもいない仕事に精を出す。

現代ビジネスマンの多くが、そんな行動に終始しているのではないでしょうか。老子は「そんなふうでは周りに左右される人生になってしまうよ」と警告しています。

寵辱《ちょうじょく》驚《おどろ》くが若《ごと》く、大患《たいくわん》を貴《たつと》ぶこと身《み》の若《ごと》し。

（猒恥第十三）

この言葉自体は、老子以前の時代からあったものです。「寵」とは「寵愛」と言うよ

うに、非常にかわいがってもらうことを意味します。「辱」はその反対で、冷遇されることです。それで老子は、

「寵愛を受けると天にも昇るように大喜びして、逆に冷遇されると地獄に落ちたかのように落胆する」

その様を「寵辱驚くが若く」と言っているんですね。

みなさんにも身に覚えがありませんか？　たとえば、上司にかわいがってもらって有頂天になっていたのに、その翌日には同じ上司が手の平を返したように声一つかけてくれなくなって、この世の終わりみたいに落胆した、なんてことが。

サラリーマンの悲哀と言うべきか、上司の言動一つで天国と地獄の間を行ったり来たり。些細なことに一喜一憂している人が少なくないのでは、と推察します。

自分を主語とする生き方

また「大患《たいかん》を貴ぶこと身の若し」は、体に悪いとわかっていることをわざわざ好んでやっていないか、という問いかけです。

たとえば、タバコやお酒、甘いものとか、健康を害するとわかっていながらやめられ

ないもの。あるいは、立身出世や金銀財宝を求める余り、身を粉《こ》にして働いて体を壊す。そういった行為を老子は、「目先の欲に駆られて、本当に大事にしなければならない体をおろそかにしている」と言っているように思います。

これは身につまされますね？　本当の意味で自分自身を大切にするなら、欲得や一時的快楽からいったん離れてみることも必要でしょう。

しかも老子は、「そんなふうに自分の体を悪くしてまで目先の利益に翻弄されているような人には、リーダーになる資格がない」とまで言っています。

たしかに、こういう人がリーダーになると、部下に自分のように「健康を犠牲にしてまでも働く」ことを強いてしまうでしょうから、リーダー失格ですね。

よく「体がもとで」なんて言い方をしますが、まさにその通り。どんなにがんばって仕事をしようと、体を壊しては元も子もありません。どちらが大事かということをよく考える必要がありそうです。

自分の人生なのですから、周囲の人の行動や思惑、社会通念的な価値観に左右されて過ごすのはもったいないこと。そんなものを超越して、自分を主語にした生き方を心がけたいものです。

あらゆる「拘束」から自由になる

『荘子』は『老子』と違って、寓話を通してメッセージを発信するスタイルをとっている点に、一つの特徴があります。

「理屈はいいから、とにかく感じてくれよ」

そういう色合いが非常に濃いのです。

したがって、一章の分量が、けっこう長い。全部読んで解説するのも無粋《ぶすい》なので、あらすじ程度に留めたいと思います。

ここで紹介するのは、「逍遙遊第一」の物語です。冒頭にあることから、『荘子』最大のポイントが凝縮されているとわかります。

最初に結論を言ってしまうと、荘子はこの物語を通して、「いろんな拘束から解放されて、自由になろう。そのために一番いいのは逍遥、そぞろ歩くことを、遊び心をもって楽しむことだよ」と言っています。

どうして逍遥がいいかというと、そぞろ歩けば自分の目に飛び込んでくる風景が一時として同じではないからです。その分、俗世間の偏《かたよ》った見方から離れて、自然に融合しながら自由に生きられるんですね。

今の自分とは違う生き方もある

この物語の一端を、あらすじで紹介しましょう。

北の国に、体長何千里もの巨大な魚がいます。名は鯤《こん》。時が来ると、鵬《ほう》という巨大な鳥になります。勢いよく飛び立つ姿は、大空を覆う雲のよう。北の海が荒れると、天のつくった南の海へと飛んでゆきます。

空に舞うのは鵬だけではありません。陽炎《かげろう》や塵埃《ちり》等の小さなものも、この世をつくった造物主の呼吸に合わせて空を舞います。その空が青々としているのは、本来の色でしょうか。遥か遠くにあるために青く見えるのでしょうか。空から下を見ると、同じように青いのでしょうか。

深く広い海がなければ大きな船を浮かべることができないように、広大無辺な空がなければ鵬は飛ぶことができません。何一つ自分を妨げるもののない空を、鵬は風に乗って南へと飛んでゆくのです。

そんな鵬を、蟬《せみ》や鳩は笑います。「僕らはニレやマユミなどのほどよい木を目指して飛ぶさ。それでも、枝から枝を飛んでいると、地面に投げ出されてしまうことだってある。九万里を飛ぶ鵬の気が知れないよ。食料の準備をするのだって大変じゃないか」と。

蟬や鳩のようなちっぽけな者たちに、いったい何がわかるでしょうか。小さな「知」は大きな「知」に至らないし、短命な者の「知」は長命な者の「知」に遠くおよびません。限られた知識や経験では、何もわからないのです。

殷《いん》の湯《とう》という王が、これと同じような（ミソサザイが鵬を笑う）話をして、こう問いました。「一人の人間が官職を全うするために才能を使い、村の人々のために行動し、君主に気に入られるだけの徳を発揮し、自分の国の範囲で力をおよぼしているようでは、ミソサザイと同じことじゃないか」と。

すると、世をはかなんで隠棲している宋栄子《そうえいし》が猶然《ゆうぜん》と笑いながら、「世をあげて褒められても、さらに努力しようなんて思わなくていい。逆に、無能だという謗り《そしり》を受けても、意気消沈することもない。自分は自分、他人は他人として、世事に翻弄されない自分をつくることが大事なんだ」と言いました。

「しかし……」と宋栄子は、「自分もまだ未完成なんだ」と言い添えます。「かの列子は、風に乗って十五日間旅をして、また帰って来るようなことをやってのける。だからといって、彼は風に乗ろうという意識もない。私はまだ風に頼ろうとしている。それが課題だね。天地、万物に何の区分もつけずに、そこを超越して、自然とともに飄々《ひょうひょう》と遊んでいるんだよ」

話はまだまだ続きますが、荘子はこんなふうに物語を紡《つむ》いでいきます。これを読むと、逐語的に理解できないまでも、「絵本を読んでいる感じがした」とか、「アニメのような映像を見ている気分になれた」といった感想をよく聞きます。そのように、感覚的に味わっていただければいいと思います。

この「逍遥遊第一」を読むと、随所でさまざまな気づきが得られるでしょう。「自分とは違う生き方があることを、もっと見ないといけないなぁ。自分の立場ばかりに拘束され、翻弄され、そこにしがみついて生きているようではダメだな」

「自分は何て多くのものに囚われてるんだろう。そんなに不自由に生きることはないのに。そういう不自由さを何とか軽減していくことに、生きる目的を求めるのも一つの生き方と言えるんじゃないだろうか」

「自分はいま、名誉を得たい、自らの役割を全うしたいと躍起になっているけれど、果たしてそれが自分にとっての正しい人生なんだろうか。さまざまな拘束をはずして、ちょっと考え直してみようかな」

そういった気持ちになれるところに、『荘子』のすばらしさがあるのです。

自分が幸せだと思えば幸せ

私は、自分の飼っている柴犬に「トム」という名をつけています。その名は実は、『老子』に由来しているんです。

どういうことかというと、もう十五、六年も前のことですが、何をやってもうまくいかない時期がありました。当時の私は、不満の塊！

「自分は身体障害者だから、ほかの健康な人に比べたらマイナスが多すぎる。財産もないし、能力的にも劣っている。しかも、周りは何も理解してくれない。アイツが悪い、コイツが悪い、社会が悪い……」

うまくいかないことの原因を外に求めるばかりで、その気になればいいことだってたくさん見つけられたはずなのに、何一つ満足できることがなかったのです。

しかし一方で、老荘思想をかなり読み込んでもいたので、そんな自分を何とか変えなければいけないという気持ちは強くありました。それでふと思ったのは、

「心のなかに不満が渦巻いているから、何をやってもうまくいかないんだ。不満は不満としてどこかへうっちゃって、とりあえず何に満足しているかを考えるようにしよう」ということです。そのときに自分に言い聞かせたのが、次の言葉です。

足《た》るを知《し》る者《もの》は富《と》む。

（辯徳第三十三）

短い文章ですが、常にこう思うことは非常に重要です。「自分はいまの状況にとても満足している」と思って感謝して生きると、どんな状況にあっても幸福感に満たされるのです。

この言葉を徹底的に自分に言い聞かせようと、私は毎日名を呼ぶ犬を「富む＝トム」と名づけたわけです。つまり、「トム！」と呼ぶたびに、私は、「自分にはこんなに愛しい犬がいる。ほかに何を望もうというのか」と思い、心が幸福感で満たされるのです。

おかげで、いまは「愉快、愉快」の人生。五十代まではひどいものでしたが、「トム、トム」と呼び続けて、ついに六十歳以降、心は「満足の塊」になりました。

「足るを知る」とは

それはさておき、「辯徳第三十三」ではその冒頭に、なぜ「足るを知る者は富む」のか、ということが書かれています。

人《ひと》を知《し》る者《もの》は智《ち》、自《みづか》らを知《し》る者《もの》は明《めい》なり。人《ひと》に勝《か》つ者《もの》は力有《ちからあ》り、自《みづか》らに勝《か》つ者《もの》は強《つよ》し。

「他人のことがよくわかる人はそれなりに知恵があるけれど、もっと上がある。それは、自己の内面にある人間としてのすばらしさをちゃんと認識している人だ。自分のことがわかっていれば、ほかのあらゆることを見抜くことができる。実に聡明な人だね。また、人と張り合って勝つ人は、そこそこ力がある。でも、もっと強いのは、私利私欲に走りがちな自分自身に勝つ人だよ」

こういう評価は、有事に表われます。

たとえば、会社の経営が危機に瀕したとき。次のリーダーを誰にしようかとなると、自分のことをよく知っている聡明さと、自分に勝つだけの強さを持った人に白羽の矢が立つんですね。

そういう人なら、いたずらに周りに振り回されることなく自らを律し、しっかりとやるべきことをやる能力がある。そう評価されて、「あの人ならきっと、強い心をもって困難を打ち破ってくれるだろう」と期待されるのです。

この件が「足るを知る者は富む」につながっていくのですが、ようするに、聡明で克己心のある人は、満足することを知っている。感謝を忘れないで生きている。だから、本当に豊かな人生を生きられる、ということですね。さらに、こう続きます。

強《つと》めて行《おこな》ふ者《もの》は志《こころざし》有《あ》り。其《そ》の所《ところ》を失《うしな》はざる者《もの》は久《ひさ》しく、死《し》して亡《ほろ》びざる者《もの》は壽《じゆ》なり。

「強引に物事を進めるのは良くない。足るを知って生きることが大事だ。たとえ死んでも、『道』と一体となって生きたことは何らかのカタチで受け継がれていく。それが本当の長寿というものだよ」

この章を通して老子は、幸・不幸というのは主観的なものだと言っているように思います。周囲が「あなたほど幸せな人はいませんね」と言ったって、当人が満足して暮らしていなければ、幸せではありませんよね。

大事なのは、「足るを知る」こと。自分がいまある境遇に、どれだけ満足しているか。そこに幸・不幸の分岐点があるのです。

苦しさから自らを救う方法

ある意味で、戦国武将はそのことを心得ていたのではないでしょうか。彼らは常に死と隣り合わせて生きていた。毎日、「明日はないかもしれない」と覚悟している。すると、どうしても「人生とは何か?」と考えざるをえない。そこから幸せな人生を生きるための答えを、自分が満足することに求めたと思うのです。

だから、戦国武将は苛酷な状況にありながらも、幸せに生きることができたのではないでしょうか。

現代は「明日はないかも」という危機感とは、ほとんど無縁でいられます。でも、仕事がうまくいかないとか、会社に行くのが苦痛だとか、人間関係でつらい思いをしているとか、心に不満を抱えている人はいっぱいいるでしょう。

そういうときの救いになるのが、「足るを知る」という考え方です。悩める人たちに、私はこうアドバイスしています。

「これをやっているときはすごく満ち足りた気持ちになる、ということを五つ書き出してごらんなさい。

金魚に餌《えさ》をやっているとき、古本屋で買った昔の映画雑誌を読んでいるとき、子どもの勉強をみてあげているとき、好きな音楽を聴いているとき……何だっていいんです。五つくらいはあるでしょう？

それらのことをして過ごす時間を、いままで一日に三十分だったのなら一時間にするなどしてみてください。

そうやって好きなことをして過ごす時間を増やしていくと、苦しい時間もあるけど楽しい時間もあると、気持ちがずいぶんラクになると思いますよ」

誰からどう言われようが、どう思われようが、自分が幸せだと思えば幸せ。幸福感というのは主観的に捉える問題なのです。

実は『老子』には、「幸せ」とか「幸福」といった言葉は出てきません。「自分がどう思うか」を考えの軸にしているので、論じるまでもない、といったところでしょうか。

老子はそういう言葉を使わずに、

「一時、一時をどう思うかが重要なんだ。つらい状況から楽しい状況へ、自分の心で変えていってくれ」

と言っているのではないでしょうか。

これは、先に述べた私の経験からも、苦しさから自らを救う、とても良い方法だと実感しています。

情報に振り回されるな

『荘子』の「應帝王第七」に、「渾《こん》（混）沌《とん》の話」という有名な寓話があります。これを読むと、外から入ってくる情報に毒されることの危険を考えさせられます。

さて、どんな話でしょうか。

南の海に儵《しゆく》、北の海に忽《こつ》、中央に渾沌という帝王がいました。あるとき、儵と忽は連れ立って渾沌のところに遊びに行きました。心からのもてなしを受け、二人は渾沌の好意に何かお返しをしようと考えました。

「人には七つの穴があいていて、その穴から見たり、聞いたり、食べたり、息をしたりしている。渾沌にはそういう穴がないようで気の毒だ。試みに七つの穴をあけてあげよう」

そう考えた二人は、渾沌に一日に一つの穴をあけてあげました。

すると七日目、渾沌は死んでしまいました。

渾沌は二人に穴をあけられるまで、外からの情報に煩わされずに自由に生きていたのでしょう。でも、穴があけられた結果、情報に苦しめられてしまった。世間に目覚めてしまったんですね。それで、死んでしまったのです。

何とも身につまされる話です。現代人は少なからず、情報に振り回されて生きている部分があります。そのために自分自身を見失うこともしばしばでしょう。誰しも、渾沌の苦しみが手に取るようにわかると思います。

そういうときは、このかわいそうな渾沌の話を思い出してください。ときには〝情報洪水〟から逃れて、自分の心と向き合う時間も必要。意のままに生きることの重要性を、荘子は説いているのです。

「至人」とは鏡のような人

また、この話の前段に、こんな言葉があります。

至人《しじん》の心《こころ》を用《もち》ふるは鏡《かがみ》の若《ごと》く、将《おく》らず逆《むか》へず、應《おう》じて藏《かく》さず。

「至人」というのは、老荘思想において最高の人間を意味します。「道」のあり様を自己のあり様として生きる人ですね。その至人は鏡のようだというんです。鏡は目の前のものをあるがままに映すだけで、何があろうと拒まないし、隠しもしない。至人はそんな鏡と同じように、ごくごく自然に生きている。

「将《おく》らず逆《むか》へず」というのは、先のことを憂えて取り越し苦労もしないし、過ぎ去った事柄を悔やむこともない、と解釈してもいい。

ようするに、自然。何が起きてもあるがままに受け入れ、何者にも左右されない絶対自由の境地に遊ぶ、そんな生き方が愉快でいいと説いているわけです。

夢が現《うつつ》か、現が夢か

『荘子』には、ところどころに夢の話が出てきます。人生という現実だって夢のようなものだと思えば、苦しまず、悩まず、愉快に生きていける。現実と夢を同一視する、そういう考え方は、苦しいときの救いになります。

なかでも有名なのは、「胡蝶《こちょう》の夢」という話です（「斉物論第二」）。

昔、荘周《そうしゅう》（荘子）は夢のなかで、ひらひら舞う胡蝶になりました。とても楽しく、自分が荘周であることなど忘れていました。パッと目が覚めると、何と自分は胡蝶から荘周になっているではありませんか。

荘周が夢のなかで胡蝶になったのか、胡蝶が夢のなかで荘周になったのか……。

荘周と胡蝶とが区分されている、そのことを物化——ものの変化というのです。

この話をどう解釈するか。私は荘子がこう言っているように思えます。

「人間の人生なんてのは、夢幻《ゆめまぼろし》だよ。いま苦しくたって、それが夢だと思えば何も苦しくはない。そう深刻にならずに、夢のなかに生きていると思えばいいじゃないか。そのくらいのもんだよ、人生は」

もう一つ、道家の思想を伝える古典『列子』には、こんな話もあります（「周穆王第三」）。

あるところに、奴隷のようにこき使われている男がいました。王様に朝から晩まで働かされ、足蹴《あしげ》にされ、本当に苦しい思いをさせられました。

けれども、男は毎晩、夢を見るのです。その夢のなかで、彼は王様でした。王様が逆に奴隷になっています。そして、王様になった自分が奴隷になった王様をこき使うのです。

男には、自分が本当は奴隷なのか、王様なのか、わからなくなりました。

老荘思想では、この話を通して何を言いたかったのでしょうか。私が代わってメッセージを送るなら、こうです。

「人間の人生というのは、夢も含めて考えれば五分五分だよ。現実の人生だけを見て、苦しい、つらい、つまらないなどと言うのは、了見が狭すぎやしないかい？　夢のなかでまったく逆の楽しい人生を生きることもできるし、もしかしたら自分が現実だと思っている人生のほうが夢かもしれないのだから、もっと大らかに構えてくれよ」

夢が現《うつつ》か、現が夢か。そんな感覚をもってみると、自分がどんな状況にあっても悠然としていられるのではないでしょうか。

すると、ボーッとするどころか逆に冷静沈着にいまの状況を受け止められるはず。自分自身を見失うこともなくなると思います。

「なかなか、そんなふうには思えない。だから悩むんだ」と言われそうですが、そこは自分の感じ方しだい。理屈で考えずに、現実を超越した視点から自分自身を眺めてみてください。気分がうんとラクになり、苦しみさえも愉快に感じられますよ。

毎日、意識的に自分を褒めてあげる

「田口さん、あなたの人生は、どういう人生でしたか？」と問われたら、私は何の迷いもなく、こう答えます。

「毎日、褒められてばかりの人生でしたよ」

ウソではありません。私は本当に、毎日褒められているんです。「誰に？」って、自分に、です。

三十年ほど前からでしょうか。私は寝る前に五分ほど、一人で静かに一日を振り返り、内省することを習慣としています。

「今日はこんなにいいことをしたなぁ」「あの場面では長所が発揮できて、気持ちよかったなぁ」「残念ながら、あのときは欠点が出てしまって、まずかったなぁ」などと、心のなかでつぶやくのです。

とくに大切なのは、意識して自分を褒めてあげること。みなさんだって、一日に一つや二つ、何か自分で自分を褒めてあげたいようなことをしているでしょう？

そんなに大それたことでなくていい。同僚の仕事を手伝ってあげたとか、締め切り通りに仕事が仕上がった、上司においしいお茶をいれてあげた、気のきいたジョークが言えた、会議で提案したことが通った、電車でお年寄りに席を譲ってあげた、道に迷った人を案内してあげた……。本当に些細なことでいいのです。

褒めてくれるのが自分自身であっても、なかなかいいものですよ。「もっと褒められることをしよう」という気持ちになるし、「こうすれば、褒められたのに」なんて気づきも得られます。しかも、日々内省を重ねることによって、自分自身を見失う危険もなくなります。

どうぞ、みなさんも一日の終わりに、どこか精神統一ができる静かな場所で、自分自身を省みる習慣を持ってください。そして、大いに自分を褒めてください。

苦しみや悩みに満ちた一日だったとしても、この〝儀式〟を行えば、自分自身の本来の姿を見失うことなく、明日を明るく生きる意欲がわいてくるはずです。

第三章

やり過ぎていないか

――「小欲」は「大欲」に通じる

生きる意欲は「無欲」から生まれる

「エリートコースを突っ走り、いわゆる〝勝ち組〟と呼ばれる成功を手にしたい」

「お金をたくさん儲けて、高価なモノに囲まれて贅沢三昧の暮らしをしたい」

「周囲から尊敬される人格者になりたい」

多くの人がそんな人生の目標を持ち、それらを達成したいという欲望をエネルギーに換えて懸命に生きておられると思います。

そういった意欲を持つことは大切ですが、ちょっと立ち止まって、自分自身に問いかけてみてください。

「世間の風潮として価値あるものだと認められているから、そうなりたい、そうありたいと願っているだけなのではないか？　自分は本当にそんなことを望んでいるのか？」

「目標を達成した先にある成功や名誉にしがみつく余り、自分は非常に苦しい思いをしているのではないか？」

答えが「ノー」で、「本心から望む目標に向かってがんばることが楽しくてしようがない」のなら、まぁいいでしょう。「はじめに」で「上り坂の儒家、下り坂の老荘」とお話ししたように、何もうまくいっているときにやり方を変える必要はないので、そのまま突っ走ってください。

しかし、もし「自分が本心から望んでいることなのかどうか、よくわからない」とか、「がんばってはいるけれど、身も心も疲れ切っている」「壁にぶち当たっているようで、うまくいかないことが多い。気持ちが空回りしている」といった思いが首をもたげるようであれば、考え直したほうがいい。「やり過ぎている」可能性が高いと思いますね。

人間は欲の塊ですから、ついついやり過ぎてしまう。それで、心身が疲弊したり、何らかの問題が生じたりする。それは、「道」からの警告だと捉えてください。

老子は「還淳第十九」のなかで、為政者《いせいしゃ》に対する三つの戒めをあげています。

聖《せい》を絶《た》ち智《ち》を棄《す》つれば、民利《みんり》百倍《ひゃくばい》す。
仁《じん》を絶《た》ち義《ぎ》を棄《す》つれば、民《たみ》孝慈《かうじ》に復《ふく》す。
巧《かう》を絶《た》ち利《り》を棄《す》つれば、盗賊《たうぞく》有《あ》る無《な》し。

「偉い人なんていらない。知恵や知識など捨てようじゃないか。そんなものに拘泥《こうでい》していると、たとえば規則をつくって守らせるなど、社会の体制を整えるために多くのヒト・モノ・カネを投じなければならなくなる。それらを捨て去ったほうが、人民の利益は百倍にもなるはずだ。

また、仁義、仁義とことさらに言い立てるのは、世の中が仁義に欠けていることの裏返しだ。捨て去ったほうがむしろ、人民は孝心と慈愛に立ち返るだろう。

さらに、小手先の技巧や目先の利益など捨ててしまえ。価値に高い・低いをつけなければ、人民だって盗みをしなくなるに違いない」

それだけでは「言葉が足りない」と、老子はさらに、欲にからめとられることのばからしさについて、次のような本質的な言葉でズバッと締め括《くく》っています。

素《そ》を見《あら》はし朴《ぼく》を抱《いだ》き、私《わたくし》を少《すくな》くし欲《よく》を寡《すくな》くせよ。

これは、漢文で「見素抱朴《けんそほうぼく》　少私寡欲《しょうしかよく》」といって、非常に有名な言葉です。

前段では「素朴がいいんだ」とし、見栄や外聞、見てくれなどを気にして、そこにエネルギーやお金を使わずに、純朴に生きることの大切さを説いています。そして後段では、「自分勝手な利己心を抑え、俗っぽい欲を少なくしなさいよ」と言っています。

儒家思想への反発

話は横道にそれますが、この部分は実は、儒家の思想に対する反発でもあります。儒家の思想で理想とされている仁義や知恵、孝行、慈愛などについて老子は、
「そんなものは当たり前に実践するものではないか。それができていないから、ことさらに言っているだけで、本来はあえて言うまでもないことだ」
と皮肉な物言いで喝破しているのです。

参考までに、そういった老子の儒家に対する反発が、如実に表われている「俗薄第十八」の件を紹介しておきましょう。

大道《だいどう》廃《すた》れて仁義《じんぎ》有《あ》り。智恵《ちえ》出《い》でて大偽《たいぎ》有《あ》り。六親《りくしん》和《わ》せずして孝慈《こうじ》あり。國家《こくか》昏亂《こんらん》して忠臣《ちゅうしん》有《あ》り。

人間としての正しい在り方、つまり大道が廃れているから仁義などと言わなければならない。知恵など人為の行き過ぎをつくるものだし、孝慈をことさらにいうのは、肉親の仲が悪すぎるからだ。忠臣などと褒めるのは、国家が乱れている証拠だ。

閑話休題。「還淳第十九」にあるこれら一連の言葉は、為政者に限ったことではありません。権力志向や勝ち組志向が強く、欲深な多くの現代人もハッとさせられるのではないかと思います。

「俗世間の価値観に惑わされて、変に欲なんか持ちなさんな。そんな欲などはないほうがずっと心豊かに暮らせるよ。素朴に、多くを望まずに暮らすことこそが、『道』のあり様を自己のあり様として生きることなんだ」

老子はそんなふうに言っているように聞こえます。意欲的に生きることと、欲のためにやり過ぎることは違うと気づかされる件ではないでしょうか。

やり過ぎると、ヘコまされる

「道」の前には、すべての存在が平等です。言い換えれば、「道」にはこの世を平らにする働きがあるんです。

これを「砂場で遊ぶ」ことにたとえると、私たちががんばって砂を盛って固めて山をつくっても、反対にせっせと穴を掘って池をつくっても、しばらくするとすべて平らにならされる。そういう調和を図る働きが、道にはあるということです。それを表わしたのが、次の言葉。

> **高《たか》き者《もの》は之《これ》を抑《おさ》へ、下《ひく》き者《もの》は之《これ》を擧《あ》ぐ。**

（天道第七十七）

日本の慣用句で言えば「出る杭《くい》は打たれる」という感じでしょうか。能力と運に恵まれてぐいぐい頭角を現わしていっても、調子に乗ってやり過ぎているうちに、周囲の恨みを買ったり、慢心したりして、一気に足をすくわれて凋落《ちょうらく》するようなことがありますね。

あるいは企業でも、増収増益を続けて好調の波に乗るのはいいとしても、むやみに新しい事業に手を出して失敗したり、浮かれてハワイに社員旅行に行ったりなどして、いきなり業績が下降に転じてしまう、などということがよくあります。

なぜそういうことが起こるかと言うと、「道」が偏りに対して調和をとるからなのです。これは「余《あまり》有る者は之を損《へら》し」という「道」の働き。逆に、「足らざる者は之に与《あた》ふ」という働きもあります。能力や運に恵まれずに地を這《は》っていても、やがて浮上していける。それが〝天の配剤〟というわけです。私がそんな話をすると、

「自分の生活のなかでも、いいことがいっぱい続くと『こんな状態が続くはずはない。そろそろ、悪いことがありそうだ』と心配になります。逆に、悪いことばかりが続くと『もうじき、いいことがあるかもしれない』と期待します。感覚的にはそういうことですか?」

といった質問を受けます。

当たらずといえども遠からず、といったところでしょうか。何がいいことで、何が悪

いことかの判断は難しいところですが、「道」がすべての偏りを正すわけです。

人はなぜ晩節を汚すのか

ただ大事なのは、「道」にはこういう働きがあると理解して、行動することです。つまり、「道」に調和をとらされる前に、自分で偏りを正して調和をとるよう心がければいいのです。それにはどうすればいいかと言えば、謙虚になることです。

謙虚になるとは、自分がこれまでで一番つらく苦しかった、でも夢や目標に向かって踏ん張っていたときの状況に立ち返って、現在を見ることです。

言ってみれば、自分自身の原点を忘れないことですね。企業ならば創業期、会社員なら新入社員時代、職人ならば修業時代、夫婦ならば新婚時代などがそれに当たるでしょうか。

そういう原点をいつも心に留めていると、どんなに事がうまく運ぼうとも「俺様は偉いんだ」などと鼻高々になる愚を犯すことはなくなります。したがって、「道」にへコまされて、転落の一途をたどることはないでしょう。

また、何をやってもうまくいかないときであっても、自分はダメ人間だとうずくまるようなこともなくなります。「もともと自分には、地位も財産も何もなかった。あるのは志だけだったじゃないか」と思い出すことで、世をすねたり、不平・不満の塊になったりせずにすむのです。

ようするに、自分が現在どんな状況にあろうとも、「道」の前ではすべてが平等であることを忘れずに、謙虚な気持ちで自らの心の調和を図ることが大切なのです。

ところが、人間はつい目先の欲に囚われて、やり過ぎてしまうんですね。成功すれば、人に自慢したり、尊大な態度をとったりしてしまう。そのことを老子は、同じ「天道第七十七」のなかで次のように言っています。

足《た》らざるを損《へら》し以《もっ》て餘《あまり》有《あ》るに奉《ほう》ず。孰《たれ》か能《よ》く餘《あまり》有《あ》り以《もっ》て天下《てんか》に奉《ほう》ぜん。唯《ただ》有道者《いうだうしや》のみ。

「貧しい者から取れるだけのものを搾取して、それをあり余る財産を持つ権力者にせっせと運ぶ。どうして彼らは自分の持てる余分な財産を放出して、貧しい人々を救わないのだろうか。それができるのは、『道』のあり様を自己のあり様として生きる人だけだ」

使い切れないほどの財産を持ちながらなお、貧しい人々から収奪することをやめない権力者たちを、老子はこんなふうに厳しく批判しています。

そして聖人――「道」のあり様を自己のあり様として生きる人は、どういう人かについて、具体的にこう述べています。

爲《な》して恃《たの》まず、功成《こうな》りて處《を》らず。其《そ》れ賢《けん》を見《しめ》すを欲《ほっ》せざるなり。

「権力の座に居座らず、成功しても驕《おご》らず、自分は賢い、有能だ、偉いなどと自慢することもない」

つまり、聖人は常に謙虚だというのです。なぜ謙虚かと言うと、尊大なふるまいを続けていれば、やがて「道」にヘコまされることを心得ているからです。

世の中には、ちょっと成功すると、「もっと、もっと」とますます欲深になり、自分は上等な人間だとカン違いするような人がたくさんいますね？

彼らの行く末を見てごらんなさい。決まって、「道」によって偏りを是正され、〝無一物〟に帰するでしょう？　それは、世に成功者と称《たた》えられながらも晩節を汚した多くの人たちを見ればよくわかります。

自己顕示欲は「道」に反する

ところで、セミナーなどでは「賢を見すを欲せざるなり」の一文に、多くの疑問や感想が寄せられます。その代表的なものは、

「企業にあって、成果を評価してもらうためには、自己アピールも必要です。謙虚に黙していると、損をするような気がするのですが」

というものです。なかには、「正当に評価してもらえない場合も多いので、自分できっちりアピールしたほうがいいのでは？」といった声もあります。

ここで言う自己アピールは、「私、すごいでしょ、頭いいでしょ」などと自慢することを意味します。しかしそもそも、自分がいかに優秀であるかなんてことは、自分で言うことですか？　人が評価することではないでしょうか？

また、「自分はこれだけのことをやりました」と説明するのは、別に悪いわけではありません。説明することと、自己アピールをすることはまったく違います。

それに、評価が正当でないと感じるのなら、正当な評価を求める以前に、まず自分に

改善すべき点がないかを見つめることが必要でしょう。自分がどれだけのことをしたかを理解してもらうにはどうすればよいかを考えるのは、それからです。言葉を尽くして説明するのも一つの方法だと思います。

いろいろ申し上げましたが、ここでみなさんに心していただきたいのはただ一つ。

「『道』の前には万物が平等である」

ということです。

人としての優劣や、競争社会における勝ち負けといったものにこだわり、そこに自己顕示欲を重ね合わせるような行為は、平らな社会をつくる「道」の意思に反すること。やり過ぎればヘコまされるのが道理だと認識してください。

強引にやるから結果が出ない

私たち現代人は競争社会に生き、常に結果を求められています。そのために物事を「強引に」進めようとする嫌いがあります。

逆に言えば、結果しか見ていない、結果しか望まないから、強引になってしまう部分もあるように思います。そのことの弊害を、老子は「倹武第三十」でこう述べています。

道《みち》を以《もっ》て人主《じんしゅ》を佐《たす》くる者《もの》は、兵《へい》を以《もっ》て天下《てんか》に強《つよ》くせず。其《そ》の事《こと》好《よ》く還《かへ》る。

「『道』に基づいて国家や組織を補佐しようとする人は、武力によって世界を脅かしはしない」というんですね。なぜかと言うと、そういうことをすると、悪い報いが還って来ることを承知しているからだと。

この一文に続けて老子は、「たとえば、軍隊が農地に駐屯すると、耕地が荒れて、イバラが生えて、一年間は使い物にならないじゃないか。大きな戦争の後には、決まって凶作の年が続くなど、良くない結果になるんだよ」と言っています。

「戦いに勝つという良い結果が欲しくて武力に頼ったばかりに、土地を荒らして凶作続きになるという悪い結果を招いてしまう。そんなことはおかしいじゃないか」

と指摘しているわけですね。

ここで私たちが考えるべきは、「真に結果を出すとは、どういうことか」ということです。ちょっと漢字を見てください。「結果」の「果」は「果物」の「果」ですね。

たとえば、みなさんが家庭菜園でおいしい果物をつくるとしたら、どんな育て方をしますか？　いくらいい果実が欲しいからといって、必要以上にたっぷり水や肥料をやったり、「早く大きくなれ！」と木の幹を力任せに引っ張ったりしませんよね？　そんなことをしたら、実がなる前に枯れてしまうのがオチだとわかっているからです。

いい果実が欲しければ、自然の生長に任せる一方で、果物の木のことを思いやって、足りないようであれば適量の水と肥料を与えてやり、ひどい雨風から守ってやる手立てなどをしながら、大切に育てるでしょう。立派な実をつけるかどうかは、いかにうまく自然と共作していくかにかかっているのです。

何事も果物を育てるのと同じ。良い結果を出したいなら、自然に配慮して、強引に事を進めないことが一番大事なのです。それが、老子の言いたいことの第一です。

成功を驕ってはならない

もう一つ、老子は「いい結果が出た後のこと」にも触れています。

果《くわ》にして矜《ほこ》る勿《な》かれ、果《くわ》にして伐《ほこ》る勿《な》かれ、果《くわ》にして驕《おご》る勿《な》かれ、果《くわ》にして已《や》むを得《え》ざれ、果《くわ》にして強《きやう》なる勿《な》かれ。

「良い結果が出たからといって、それを誇って尊大に構えるんじゃないよ。自慢するんじゃないよ。傲慢になるんじゃないよ。その結果はやむをえないことだったんですというくらい謙虚にならなければいけない。良い結果を笠に着ることだって、強引であることに変わりはないんだ」

この件は、自分が出した結果に対して謙虚であることの大切さを述べたところです。驕れば驕るほど、弊害ばかりが続き、何のために結果を出したのかわからなくなってしまう、ということですね。

これを会社の仕事に置き換えて考えると、老子はこんなふうに言っているのではないでしょうか。

「自分一人でウンウンいって、一方で周囲の人たちをないがしろにしながら、強引に仕事を進めてはロクな結果が出ないよ。自然の力を借りて果物を育てるように、社内外のいろんな人たちと力を合わせて仕事に取り組みなさい。そして、いい結果が出せたなら、『自分ががんばったからだ』なんてアピールをせずに、みんなで喜び合いなさい」

こんなふうに、「事がうまく運ぶ」ように働きかけてくれる「自然の力」に任せることが、老荘思想の説く人生観なのです。

よく「いまのビジネス社会は成果主義が主流で、目標を立てて達成することをよしとしている。『老子』のなかにそういう考え方はないのか」といった質問を受けますが、その答えはまさにいま申し上げたこと。老荘思想の目標は「『道』のあり様を自己のあり様として生きること」に尽きるのです。

ここを目標としてみれば、みなさんもきっと生きるのがラクになります。誰かと対立したり、反目し合ったりすることにほとんど意味がないと思える分、競争にエネルギーを奪われずにすむからです。

競争については次章でも述べますが、競争に明け暮れていると生きている実感がなかなか得られませんね？　私自身、少なくとも四十数年、老荘思想の生き方を志向するなかで、競争、競争の一辺倒で、生きている実感を得られないような生き方は、非常にもったいないと考えています。

そういったことをよく考え、「倹武第三十」を締め括る最後の言葉を嚙《か》みしめてみてください。

物壮《ものさかん》なれば則《すなは》ち老《お》ゆ。是《これ》を不道《ふだう》と謂《い》ふ。不道《ふだう》なれば早《はや》く已《や》む。

「強壮であることは一見いいようだけれど、あとは老いるしかない。『道』の教えに背《そむ》くからだ。一時的にいい結果が出たところで、ほどなく滅びてしまうんだ」

壮年の次は老年しかない、ということですね。強引になることの怖さが、ひしひしと伝わってくるのではないかと思います。

欲に翻弄されると人生を誤る

人間は「欲望に弱い」生き物です。私だってそう。何か欲望を刺激されるようなことがあると、不本意ながら、心がぐらりと揺らいでしまいます。

老子は、欲を持つこと自体を否定していませんが、欲望を突いて人を動かそうとする社会に対して警鐘を鳴らしています。わかりやすく言うなら、

「鼻先にニンジンをぶらさげて、もっと走れ、もっと走れと馬を駆る。そんなふうに人間の欲望を煽るような世の中でいいんだろうか」

というような疑問を投げかけているのです。

「検欲第十二」のなかで老子は、人が欲にくらむ状態をこう表現しています。

五色《ごしき》は人《ひと》の目《め》をして盲《まう》ならしむ。五音《ごいん》は人《ひと》の耳《みみ》をして聾《ろう》ならしむ。五味《ごみ》は人《ひと》の口《くち》をして爽《さう》ならしむ。馳騁田獵《ちていでんれふ》は人《ひと》の心《こころ》をして發狂《はつきやう》せしむ。得難《えがた》きの貨《くわ》

は人《ひと》の行《おこなひ》をして妨《さまた》げしむ。

いろんな色の紙を見せられても、目移りして、心を落ち着けて色を味わえない。いろんな音を聞かされても、何も聞こえないのと同じだ。いろんな味の料理を食べさせられても、口に爽快さがなくなって何の味かよくわからなくなってしまう。そんなふうに私たちは五感を惑わされ、真実を見失ってはいないか、ということですね。

さらに、狩りをする人が獲物を見つけて、長い時間をかけて追い詰めて仕留めることで欲望を満たそうとすると、いつしか人は心を狂わせてしまう。手に入りにくい珍しい物を欲しがると、人は行動を誤ってしまう。贅沢に対する欲が次から次へと掻《か》き立てられるような社会にあっては、人々の心も行いも、常軌を逸してしまうんだ、ということを老子は言っているわけです。

陰陽で言えば、欲望は陽ですから、放っておいたら際限なく広がっていきます。自分で意識して抑制しなければ、いずれ心が欲に狂い、人生を誤ってしまいます。もっと言えば、欲のためにがんばる一方で、人としての道をはずす、ということです。

欲望につけこむ輩を退けよ

では、聖人はどうかと言うと、結論はこれです。

聖人《せいじん》は腹《はら》の爲《ため》にして目《め》の爲《ため》にせず。故《ゆゑ》に彼《かれ》を去《さ》りて此《これ》を取《と》る。

「腹の為」というのは、「質実」ということですね。欲に振り回されることなくまじめに生きる。「欲望で翻弄してやろう」なんて仕掛けてくる人や社会に対して、「愚弄するな！」と拒否する生き方を貫く。それが、「道」のあり様を自己のあり様とする聖人というものだと、老子は言っています。

もっと深読みすれば、「社会は人間の尊厳を重視しなければならない」ということです。どうしてそれが「人間の尊厳」につながるかと言うと、欲望という人の弱みにつけこむなど、もってのほかだからです。

世の中には、自分の得になるように他人を利用しようという魂胆で、欲望を突っつく輩《やから》がいるでしょう？「儲かりますよ」とか「有名になりますよ」「世の中に認められますよ」などと言いながら、さまざまな手練手管《てれんてくだ》を使って他人を利用しようとする人たちが。いや、組織や社会のそこここに、そういう仕掛けがあるのではないでしょうか。

「欲得ずくで人を動かそうだなんて、不届き千万！」

私はそう思いますね。そんなのは人間の尊厳を軽視したやり口であり、絶対にしてはいけないこと。人間は欲望に弱いだけに、欲にまみれて生き方を誤らないように注意する必要があるのではないでしょうか。

無用なものがあってこそ有用なものが光る

日本はいま、財政難を何とかせねばと、「事業のムダをなくす」ことに必死になっています。「事業仕分け」という言葉も流行りましたね。

国民の税金をムダ遣いするなど、とんでもないことですが、何をもってムダとするかは難しいところ。過度に「無用・有用」の論理を持ち込むと、「一見ムダなようだが、将来的に重要になる事業や研究への投資」まで削ってしまうことになりかねません。

不景気なご時世ゆえに、列島全体が「効率化のうねり」に呑み込まれそうになっている感があるなか、老子が「無用第十一」で説いていることは一考の価値があるように思います。結論を先に言えば、こういうことです。

有《う》の以《もっ》て利《り》を為《な》すは、無《む》の以《もっ》て用《よう》を為《な》せばなり。

「一見何の役にも立ちそうにないものがあるからこそ、目に見えて役に立つものがその機能を果たすことができる」

と言うんですね。この前段で老子は、具体的な例を三つあげて、「無の根源的な働き」について説明しています。一つひとつ、見ていきましょう。

三十《さんじふ》の輻《ふく》は一轂《いっこく》を共《とも》にす。其《そ》の無《む》に當《あた》りて車《くるま》の用《よう》有《あ》り。

「輻」というのは、車輪のスポークのことです。その中心が「轂《こしき》」、すなわちハブで、ここは空洞になっています。この空洞が「其の無」、無用のものに当たるわけですが、放射状に伸びるスポークを通すために必要なものです。つまり、車輪は一つのハブに三十のスポークがあって初めて成り立っているんですね。

一見すれば、円形の車輪だけで用を為すんじゃないか、ハブとスポークは何の役にも立ってないんじゃないかと思うかもしれませんが、そうではありません。スポークと、それを通すハブがあるからこそ、車輪は回転してその用を為すのです。

埴《ち》を挻《せん》して以《もっ》て器《き》を爲《つく》る。其《そ》の無《む》に當《あた》りて器《き》の用有《ようあ》り。

「埴」は粘土のこと。カップや茶器など、器は、その粘土をこねてつくります。真ん中がくぼみになっていますが、空洞にしておくのはもったいないと埋めてしまうと、器として使えませんね？　器は何もないくぼみがあるからこそ、器としての用をなすのです。

戸牖《こよう》を鑿《うが》ちて以《もっ》て室《しっ》を爲《つく》る。其《そ》の無《む》に當《あた》りて室《しっ》の用有《ようあ》り。

「戸牖」とは、戸口や窓ですね。これを「壁をくりぬいてつくる空洞」と見るとムダのようですが、だからといって塞いでしまうと居室としての機能は果たせなくなります。

これら三つの、非常に卑近な例をひきながら、老子は「無」が「有」の働きを支えていることを説明しています。

さらに、「自然界・人間界に起こる現象のすべては、『道』という見えないもの——『無』の根源的な働きによる」ことを示唆しているように思います。

こういった言葉から、老子が私たちに伝えるメッセージは、

「世の中にあるものを有用・無用の二つに分けて、無用なものはすべて排除すべしと断じてはいけない。無用だからこそ有用だということが多々あることを忘れるなよ」ということでしょう。

「無用の用」とは

この「無の根源的な働き」について、荘子は「無用の用」という言葉で表わしています。前章で紹介した「逍遙遊第一」の後ろに、こんな物語があります。あらすじを紹介しておきましょう。

荘子のところに友人の恵子《けいし》がやって来て、「うちに樗《ちょ》という大木があるが、こぶがあったり、枝が曲がったりしていて役に立たない」と言いました。それに対して荘子は、こう諭しました。

「お前は気のきかぬ男だなぁ。あそこにタヌキやイタチなどが跳ね回っているね？彼らの様子を見ると、利口そうで敏捷《びんしょう》だ。しかし、それゆえに人間はワナをつくって捕獲してやれと思うのではないか？一方、氂牛《りぎゅう》という牛を見てごらん。図体は大きいが、ネズミ一匹獲ることもできない。でも、その無能のおかげで、人間から寛大に扱われている。鼻輪も通されず、手綱もつけられず、自由に野に放たれているではないか。

こんなふうに世の中では、無用のものが結局は有用に転ずるものなんだよ。樗の木だって、広い野原にでも植えておいたらどうだい？　誰もこの木を伐《き》ろうとはしないだろうから、自由に枝葉を広げて、夏の暑い日に涼むには格好の木陰をつくってくれる。役に立たないなんてとんでもない。樗の木はそんな楽しい理想郷を楽しませてくれるではないか」

何事にも、目先のことだけで「役立たずだ」「無能だ」「ムダだ」と判断せず、どんなふうに使えば有用なのかを考える――発想の転換という部分でも、参考になる物語ではないでしょうか。

ちなみに、明治時代に活躍した文芸評論家に、高山樗牛《たかやまちょぎゅう》という人がいますが、彼は荘子のこの物語から「樗牛」という号をとったようです。そんなことからも、昔の知識人たちが好んで『荘子』『老子』に親しんでいたことがうかがえます。

望むことの逆の結果を見通す

たとえば、電話をしていて、相手の声が小さくて聞き取りにくいとき、あなたはどうしますか?

たいていの場合、小さな声にイライラして、こちらは大きな声で「え? 聞こえないんですが」とか「すみません、もう少し大きな声でお願いできますか?」などと言うのではないかと思います。

でも、それは逆効果。相手は萎縮して、ますます声が小さくなってしまうことが多いのです。最も効果的なのは、こちらも相手に負けないくらいの小さな声で話すことです。相手の声は自然と大きくなります。

これと同じようなことを、老子は「微明第三十六」で言っています。

之《これ》を歙《ちぢ》めんと将欲《しやうよく》せば、必《かなら》ず固《しば》らく之《これ》を張《は》る。之《これ》を弱《よわ》めんと将欲《しやうよく》せば、必《かなら》

ず固《しば》らく之《これ》を強《つよ》くす。之《これ》を廢《はい》せんと将欲《しやうよく》せば、必《かなら》ず固《しば》らく之《これ》を興《おこ》す。之《これ》を奪《うば》はんと将欲《しやうよく》せば、必《かなら》ず固《しば》らく之《これ》に與《あた》ふ。是《これ》を微明《びめい》と謂《い》ふ。

前に、「道」には世の中の偏りをなくす働きがあることを言いました。同様に、道には「反対の事象を起こす」働きがあるんです。

「何かを縮めようとすると、道はしばらくそれを膨張させる」
「何かを弱めようとすると、道はしばらくそれを強くする」
「何かをやめさせようとすると、道はしばらくそれを繁栄させる」
「何かを奪おうとすると、道はしばらく与え続ける」

といった具合です。

こういう「道」の働きを「微明」と呼ぶんだと、老子は言っています。

「微明」とは、物事の裏側の、かすかにしか見えない条理を見通すこと。私たちが行動するときにはこの「微明」により、自分の意図することとは逆の結果になる場合も考えなければいけないということでしょう。

正攻法ばかりではうまくいかない

これができると、「道」の働きを利用して、意図とは逆のことをして良い結果を出す、などということも可能になります。「押してもダメなら、引いてみな」という感じでしょうか。あるいは、弓を思い切り後ろに引いて、前方遠くまで矢を飛ばすようなイメージですね。

自分の思い通りの結果を出すためには、単純に正攻法でいってもうまくいかない。逆向きに攻めたほうが、その反動を利用して思う方向で結果を出せる場合もあることを考えてみるといいのではないでしょうか。

これはいわば〝逆転の発想〟でもあります。続く文章で、老子はこう言っています。

> 魚《うを》は淵《ふち》より脱《だつ》す可《べ》からず。國《くに》の利器《りき》は、以《もつ》て人《ひと》に示《しめ》す可《べ》からず。

「魚は深い淵に潜んで、そこから出てはいけない。同じように、国を治める武器となるようなものは、そうたやすく人に見せてはダメだよ」

この件で老子は、海や川の深いところで意のままに生きる魚を例にとって、「図に乗

って、陸地に飛び出そうなんて考えるなよ。その瞬間に死んでしまうよ」と言っています。このたとえを通して、

「人間だって、うまくいっているからと図に乗って、権力を振りかざすなよ。たちまちやられてしまうよ」

と警告を発しているのでしょう。

物事に取り組むときは、意図するところと逆の結果が出ることを前提に、勢いに任せてぐいぐい進めずに、注意深くやりなさい。そう老子は諭しているのです。

好調なときほど、最悪の結果が起こりうることを見通し、気を引き締めて事に当たるというのは、なかなか難しいことでしょう。でも、放っておけば「もっと、もっと」と広がっていく欲をちょっと抑えればいいだけのことです。そうすれば、やり過ぎてしまったばかりに、「道」に正されることもなくなるはずです。

問題は小さな芽のうちに見つけ出す

何も問題の起きない人生や仕事なんて、ちょっと想像しにくいですね？

「大小問わずさまざまな問題の起きるのが人生であり、仕事である」

「何も問題がないような人生では、可もなく不可もなくという感じで、あまりおもしろくない。少しくらい問題があったほうが、現状を打破していくやりがいやおもしろさがあるのではないか」

たいていの人はそんなふうに考えているのではないでしょうか。

しかし、老子は「何も問題のない人生ほど、すばらしいものはない」とし、「無為」「無事」「無味」がこの世で一番大事なことだと言っています。

どういうことなのか。次の言葉で始まる「恩始第六十三」を読み解いてみましょう。


無為《むゐ》を為《な》し、無事《ぶじ》を事《こと》とし、無味《むみ》を味《あぢ》はふ。

前に述べたように、「無為」とは、自然のままで作為のないことです。平たく言えば、特別なことは何もせず、自然の成り行きに任せる、ということですね。

白状すると、私は「無為」とはどういうことなのか、ずっとわからなかったんです。「そういうことか」と腹に落ちたのは、二十年ほど前のこと。ユングという心理学者の本を読んだとき、こんなことが書いてあったのです。

「よちよち歩きの一歳の子どもがあなたのほうへ歩いてきたら、どうしますか？」

すぐに手を取ってしまうと、歩く訓練にはなりません。一番いいのは、「ころぶなよ」と願いつつ、万が一ころんだらすぐに手が差し伸べられるように、また自分の元へスムーズに到着できるように、緊張感をもって見守り、リードすることなんですね。

それで私は、ハッとしました。「そうか、無為ってのは、一見何もしていないようだけど、実は緊張感をもって見守ることなんだな」とわかったのです。

緊張感をもって見守っていれば、この先何が起こるか、かなり敏感に、いち早く察知できます。したがって、何が起ころうとも、余裕をもって対応できるのです。

だから、無為に徹すれば、事が起きてからスピーディに対処する必要すらない。ゆったりと事に当たることができるというメリットもあるんじゃないでしょうか。
さて、二つ目の「無事を事とし」は何事もないことで、三つ目の「無味を味はふ」は格別の味わいがないこと。文字通りに解釈すれば、「何もしない」ことを善しとする生き方を推奨しているようです。

怨みの連鎖を断ち切るには

ところが、実は違います。続く一文で、「無為」「無事」「無味」は、どうということもない小さなことのように見えて、本当はとても大きなことなんだと指摘しています。

小《せう》を大《だい》とし少《せう》を多《た》とし、怨《うらみ》に報《むく》ゆるに徳《とく》を以《もつ》てす。

老子特有の言い回しで、「小さな物事を大きなことだと思え」「少ないものほど多いと心得よ」と言うのです。
どういうことかと言うと、「いきなり大きな問題が起こる」とか「いきなりたくさんの問題が起こる」といったことはあまりありませんね？　どんな大きな問題も始まりは小さく、いかに多くの問題も最初は少なかったはずです。だから、問題が小さく、少ないうちに対処する。それが、「無為」「無事」「無味」を実践する生き方だというのです。

たしかに、小さな問題を放っておいたばかりに大問題に発展したり、まだわずかしか問題が起きていないからと無視したために、次から次へと問題が多発したりすることがよくあります。老子はその点に着目しているわけです。そして、

「問題が小さいから、少ないからと軽視せずに、緊張感をもって些細な問題を見つけ出し、芽のうちに摘んでしまいなさい」

と言っている。それが「無為」「無事」「無味」を大事にして生きることだと理解していただいてよいと思います。この後に、有名な言葉が続きます。

「怨みに報ゆるに徳を以てす」――。

怨みを向けられたとき、こちらも怨みで反撃すると、相手からますます怨まれます。争いというのはそうして際限のない〝報復競争〟に発展した結果、どんどん大きく深刻になってしまうものです。

世に絶えない戦争の構図は、すべてこれ。そうならないように、怨まれてもいちいち「コンチクショウ」と反応せずに、むしろ徳をかけてあげる。相手が「ありがたい」と

思うことを何かしてあげる。すると、相手はびっくりして、怨みの矛先《ほこさき》を納めますね？怨みの関係を終わらせることもできるかもしれない。

同様の論理で、老子は「難しい問題は、それがまだ易しいうちによく考えなさい。天下の難事は決まって、どうってことのない一言や一筆から起こるものなんだ。大事件も小さなちょっとしたことから起こるんだよ」と畳み掛けています。

そして、聖人は「事が大きくなってから対処するのは非常な困難をともなう」ことをよくわきまえていて、小さいうちに全部つぶしていくから、人生に大事や難事が起きないのだとしています。

「問題のない人生」には緊張感が必要

この「恩始第六十三」は、次の件で締め括られています。

夫《そ》れ軽《かる》く諾《だく》するものは必《かなら》ず信《まこと》寡《すくな》し。易《い》とする多《おほ》ければ必《かなら》ず難《かた》きこと多《おほ》し。是《ここ》を以《もっ》て聖人《せいじん》は猶《な》ほ之《これ》を難《かた》しとす。故《ゆゑ》に終《つひ》に難《かた》きこと無《な》し。

「物事がすべて大事や難事の始まりだと思えば、何事もそう簡単に安請け合いはできるものではない。信用をなくすからね。また、いい加減なことばかりしていると、やがて難儀なことが多くなってしまう。だから聖人は、易しいうちに問題の芽を摘んでおこうと、慎重に慎重に物事に対処する。したがって、大事や難事がなくなるんだ」

「道」に基づいて生きるとは、こういうことです。小さな問題、易しい問題をおろそかにせず、緊張感をもって行動することによっていち早くそれを見つけ出し、慎重に対処していくところに、生きることの本質がある。そう老子は言っているんですね。

どうでしょうか。老子の言う「問題のない人生」というのは、頻発する小さな問題を大事、難事に発展させなかった結果得られるものであること。また「無為」「無事」「無味」とは、何もしないどころか、常に緊張感をもって問題を発見し対処することだと、ご理解いただけたのではないかと思います。

いま手を打てば簡単に解決できる問題を放置したまま、どんどん前に進んでいくと、必ずそれらが大事、難事になって行く手を阻《はば》む。そういった障害は「道」からの、「猪突猛進してないかい？　ちょっとやり過ぎじゃないかい？」

というメッセージであることを覚えておいてください。

真理は知識を捨てて、得られるもの

当然のことながら、学べば知識が増します。いいことだと思いますよね？

しかし、老荘思想において知識というのは、屁《へ》理屈なんです。知識があるばかりに、それを披露したい思いに駆られ、何かと屁理屈をこねて口を出したがる。知識はそういう欲を起こす大本《おおもと》だというのです。

「忘知第四十八」で老子は、それをこんなふうに言っています。


學《がく》を爲《な》せば日《ひ》に益《ま》し、道《みち》を爲《な》せば日《ひ》に損《そん》す。之《これ》を損《そん》し又《また》損《そん》し、以《もつ》て無爲《むゐ》に至《いた》る。


「知識を得ようと学ぶのではなく、この世の真理・道理である『道』を追求していく。

すると、知識など大したものではないと思えてくる。そうして知識をどんどん減らしてゆくと、やがて『無為』の境地に至る」

それが老子の主張。ようするに、「知識なんてくだらない屁理屈だよ。そんなものは捨てて、捨てて、『道』を追求してくれ。そうすれば、『無為』——意図的に何もしなくたって、すべてのことを立派に成し遂げることができる」と言うのです。

無爲《む》《ゐ》にして爲《な》さざる無《な》し。

結論は、この一言に集約されています。

「道」の呈する真実に従う

でも、「学ぶな」ということではないんです。小賢《こざか》しい知識を積み上げていくだけの学問は、もういいじゃないか。そんなものがあると、世間的に認められよう、出世しよう、といった欲にかられて行動するようになってしまう、というのです。

それよりも「道」の呈する真実だけを直視して生きていこうではないか。そうすれば「道」が味方してくれて、すべてがうまくいく。老子はそう言っているのです。

また後段では、「天下を治めるには『無事』、つまり取り立てて言うほどのことは何もせずに、あるがままに任せるのが一番だ」と、為政者について言及しています。「作為的に何かをすれば『無事』ではなく『有事』になって、国が治まらない」というわけです。

「有事」とは何かというと、戦争ですね。勢力を広げよう、権力を手に入れようという作為があるから、戦争になるのです。

「無事」とは、言ってみれば「無為」の親戚みたいなものです。よく「ご無事で何より」とか「ご無事を祈ってます」といった言い方をしますが、これは「ムリをしないでくださいね。自然にしていれば、『道』が味方してくれて、大した問題は起こりませんから」という意味なんですね。

老子はこの「忘知第四十八」を通して私たちに、

「意図的・作為的に物事を進めようとすればするほど、うまくいかなくなることを忘れないでください」

というメッセージを送っているのではないでしょうか。

第四章

無用の戦いをしていないか

――「戦わずして勝つ」ための極意

敵という存在は自分の心の産物

私たちは競争社会のなかで生きています。それは現実として、では誰と、何と、戦っているのでしょうか。

「それは、同業他社でしょう」

「同僚、上司、部下……社内の人間みんながライバルですよ」

「利害が対立する相手に勝たなくちゃいけないんですよ」

即座にそんな答えが返ってくると思います。

現代人の誰もが「戦う相手を持っている」ということでしょう。互いに戦う意思があってこその競争ですから。

ここで、ちょっと考えてみてください。

たとえば、こちらに戦う気持ちがあって、相手に戦意がなかったら、どうでしょうか。

おそらく、相手はその気がなくても、戦いを仕掛けられているうちにしだいに対抗意識を持つようになるのではないでしょうか。

対立というのはそうやって生まれるんですね。

ということは、こちらが対立意識を持ったり、戦う意思を示したりすること自体が敵をつくっている。言い換えれば、敵という存在は自分の心の産物だということです。そこに気づくだけで、敵をつくらずにすむのではないでしょうか。

戦わずして勝つ「不争の徳」

その意味では、現代人は多くが自分の心の持ちようで「戦わずにすむ」相手をわざわざ刺激して、無用の競争をしている部分があるように思えます。

もちろん、相手が自分に対して戦いを挑んでくる場合もあるでしょう。そういうときは、戦いの土俵から一歩退《ひ》いて、相手の戦意を喪失させればいいのです。

何も競争を否定しようというのではないですよ。競争はあってもいいけれど、「戦わずに勝つ」方法だってあることを知っていただきたいのです。その方法を教えてくれるのが、老荘思想でもあるわけです。

善《よ》く戦《たたかひ》に勝《か》つ者《もの》は争《あらそ》はず。

（配天第六十八）

「戦い」と聞くと、争うことをイメージしがちですが、老子はそう捉えていません。

「争わなくても勝つことができる」としています。それは、この言葉の前にある、

善《よ》く士《し》たる者《もの》は武《たけだけ》しからず。善《よ》く戦《たたか》ふ者《もの》は怒《いか》らず。

という件にも表われています。「武士の誉《ほま》れ」と言いますか、「立派な武士というのは猛々しくないし、感情に任せて戦うこともない」というのです。

何となくわかる感じがしませんか？　本当に実力がある人は、戦わなくても勝てるのです。また、「見るからに実力があるとわかる人は、相手が恐れをなして自ずと引き下がるから、戦う前に勝負がつく」という意味も含まれるでしょう。

これが老子の言う「不争《ふそう》の徳」というものです。

実力があるというのはどういうことかと言うと、野球のイチロー選手がおもしろいこ

とを言っています。

「メジャーに行った当初と現在を比べて、一番違うのは相手の緊張感だ」

この発言から、周囲の選手たちが、イチローは実力があると認めていることがわかります。何もイチローが自分から「オレ、すごいだろ」などと喧伝《けんでん》したわけではなく、実績や対戦経験から、相手がイチローの実力のプレッシャーを受けるようになった、という見方ができます。

こんなふうに、周囲が緊張して対応してくれるような存在になれれば、実力があると判断してもいいと思いますね。

上手に人を使う方法

「配天第六十八」ではもう一つ、人を使う方法についても言及しています。

善《よ》く人《ひと》を用《もち》ふる者《もの》は下《くだ》ることを爲《な》す。

というのがそれ。たとえば、部下にやる気をもって懸命に働いてもらうには、上司はへりくだることが必要だというのです。

部下にはつい「もっとがんばれ！」だの「ちゃんとやれ！」だのとガミガミ言ってしまうものでしょうけど、それでは反発されるだけで逆効果です。

優れた指導者は「こんなにがんばってもらえるなんて、ありがたい」という謙虚な気持ちをもって部下に接する。すると、部下も「期待に添えるようがんばろう」と思う。

このことを老子は「人を用ふるの力」、つまり周囲に協力してもらいながら事をうまく運ぶ能力であるとしています。

自然の力を活用する

さらに、「不争の徳」と「人を用ふるの力」を備えることは「天に配す」といって、戦いに勝つための古くからの法則だとしています。

「天に配す」は、二つの読み方ができます。

一つは、「天を味方につけて、天の持つ力をうまく使う」こと。

もう一つは「天に匹敵する力をうまく使う」こと。

いずれにせよ、天という、この世にある不可思議な自然の力をうまく活用することを意味します。

自然の力というのは、たとえば運とかツキといったものがそうです。一生懸命に物事に取り組んでいると、どういうわけか、

「たまたまいい人と巡り会った」とか、

「たまたま追い風が吹いた」

といったことがよく起こりますね？　見えない力に導かれるように進んでいったら、うまくいった、なんてこともあります。

そういうものが自然の力であり、天の配剤であると理解していただいていいでしょう。

「戦わずに勝つ」ことに関しては関心の高い人が多く、セミナーの受講者の方からもこんなエピソードをいただきました。

「ゴルフのハンディが五年ほど前から三十一でした。でも、老荘思想を学んで勝ち負けを考えずにラウンドしようと決めたら、九十七という思わぬ好スコアが出て、ハンディも二十五に下がりました。たまたま運が良かっただけかもしれませんが」

期せずしてこの方は「たまたま運が良かった」とおっしゃっていますが、それこそ老荘思想の自然の力を味方につけたのだと思います。

また、弁護士をされている方から、興味深いお話もありました。

「民事の訴訟では、依頼者のためにとにかく相手をやっつけなくてはいけない。ただ、どこかで和解を模索したほうがいい場合もあります。そんなときは、依頼者を説得するのが大変。『先生にお金払ってお願いしているのだから、勝ってくれなきゃ困る』と言われます。でも、老荘思想を知って、和解の説得をするときに非常に役立つと思いました」

裁判の和解に老荘思想が生かせるというのは、私にとっても新鮮な発見でした。勉強になりましたね。

ともあれ、この「配天第六十八」を読むと、私には老子のこんなメッセージが聞こえてきます。

「戦わずして勝つにはどうすればいいか、よく考えてくれよ。何より大事なのは、実力をつけることだ。実力もないのに勝とうと思ってもムリなんだ。実力さえあれば、相手だって戦おうと思わないからね。

それから、物事を一歩退いて見ることも忘れちゃいけないよ。一歩先に進んで物事を見ると、どうしたって視野が狭くなる。一歩、二歩退いたほうが、全体を見通すことができる。その分、心に余裕ができるし、先を見据えて自分がどうすればいいかがわかるだろう。

この二つのことを心がけていれば、必ずや天が味方をしてくれる。自然の力を活用して、戦わずして勝つ状況がつくり出せるはずだよ」

組織は自分の思い通りにはならない

自分の思い通りに組織を動かす、部下を動かす——組織のなかで管理職ともなると、自分の裁量で組織や部下を動かすことが醍醐味《だいごみ》だと考える人は多いでしょう。また、それができるようになりたいと、さまざまな努力、苦労を重ねているのではないかと推察します。

けれども、老子は「無爲第二十九」のなかで、「自分の思い通りにしようだなんて、思い上がりもいいところだ」とばかりに、現実を喝破しています。

「天下を我が物にしようと望んで、自分の思い通りに事を運ぶためにさまざまな工作をする人がいるが、そんなことはできた例《ため》しがない」

と言うのです。なぜかと言えば、天下は「神器」なんだ、とても一筋縄ではいかない、というわけです。

ここで言う「天下」を、会社などの「組織」と置き換えて考えてもいいでしょう。その組織が「神器」であるとは、組織のなかでは人智のおよばない不思議なことが頻々《ひんぴん》と起こることを意味します。

だから、人間の力をもって治めることなどできないんですね。

爲《をさ》むる者《もの》は之《これ》を敗《やぶ》り、執《と》る者《もの》は之《これ》を失《うしな》ふ。

「力ずくで組織を治めようとすると、いいところまで壊してしまうことになるし、組織をわが手で治めようと執着すると、すべてを手放さざるをえないことになるよ」

老子はそう断じています。

自分の力を割り引いて考える

では、組織の長たる者は物事をどう捉えるべきか。それを示したのが次の件です。

物《もの》或《あるひ》は行《ゆ》き或《あるひ》は隨《したが》ふ。或《あるひ》は呴《く》し或《あるひ》は吹《ふ》く。或《あるひ》は强《つよ》め或《あるひ》は羸《よわ》む。或《あるひ》は載《の》せ或《あるひ》は隳《おと》す。

「先に進んだつもりが、後れをとってしまう。そっと息を吹きかけて手を温めたつもりが、息が強すぎて逆に冷やしてしまう。強めるつもりが、弱めてしまう。載せるつもりが、落としてしまう」

といった具合に、意図的に物事に取り組もうとすると、自分の思惑とまったく違う結果になることは多いものです。組織にはそんな不思議な力が働いていることを認識しておかなくてはいけないでしょう。

それなのに、みんな、自分の思い通りになるものと思い過ぎていると、老子は指摘しているのです。

そして最後に老子は、この辺をわきまえている聖人はどうなのかを述べて、本項の結論としています。

甚《はなは》だしきを去《さ》り、奢《しや》を去《さ》り、泰《たい》を去《さ》る。

「道」のあり様を自己のあり様とする優れた指導者は、自分の力を過信してやり過ぎることがないし、贅沢に溺《おぼ》れるようなこともないし、傲慢にもならない。つまり、何か事を成すには、自分の力を割り引いて考え、自然の力を借りることが大切だとしています。

何事につけ、腕ずく、力ずく、権力ずくでやってもうまくいかないってことですね。人間というのは、自分が一生懸命がんばって成功を手に入れようとするけれど、かなりの部分を自然の力に助けられているものなのです。

経営の神様として知られる松下幸之助氏も言っています。

「運が強いことはすばらしい」と。

運とはまさに自然の力。運が強いというのは、いい状況を引き寄せる力があるということです。それは、よほど緊張感をもって現実を見守っていないと、できるものではありません。

よく「チャンスの神様には前髪しかない」と言われるように、絶好のチャンスが来た瞬間にパッとその前髪をつかまなければ、手が頭のうえでツルリと滑ってしまうのです。

だからこそ、自分のことでいっぱいいっぱいにならずに、自然界全体を客観的に注意深く見つめていったほうがいい。「無爲第二十九」には、そんなメッセージもこめられています。

多弁は争いのもと

知者《ちしや》は言《い》はず、言《い》ふ者《もの》は知《し》らず。

（玄徳第五十六）

老荘思想に「玄徳」という言葉があります。徳のある人はわざわざ自分から「徳があるんですよ」なんて言わないし、そんな素振りも見せない。そんなのはいやらしい。隠すものだっていうんですね。

これに対して『論語』をはじめとする儒家の思想では「明徳」といって、見るからに徳のある人がすばらしいとしています。

この違いは興味深いところ。おそらく老子は、「そもそも徳なんてものは、備わっていて当たり前なんだ。徳がないから、自分で徳があるように見せなきゃならないんだ」と思っているのでしょう。前に触れたように、こんなところにも、老子が儒家の思想に反発していることがうかがわれます。

それはさておき、冒頭の一文は、「本当に物事を知っている人はしゃべらない。よくしゃべる人は何も知らない」という意味です。

なぜかと言うと、真理というのは言葉で表わせない感覚的なもの、感じ取るものだからです。逆に言えば、言葉で簡単に表現できるものは真理ではない、ということです。

これが「不言《ふげん》の教え」。「はじめに」で、「老荘思想というのは、人間が本質的に大事にしなければならない、見えない・聞こえない・つかめないものを、理屈抜きで感じ取るところに、すばらしさ、おもしろさがある」と申し上げたように、言葉に対する不信感は『老子』の全体を貫いているものなのです。

自分の内奥を見つめよ

では、真理に到達するにはどうすればいいのか。それは、外側から入ってくる情報を遮断して、自分の内奥を見つめることにあります。

なぜなら、私たち人間はみんな「道」から生まれた〝道の片割れ〟で、「道」が体《たい》する真理を内面に持っているからです。ただ、外からいろんな情報が入ってくることによって、内なる真理が見えなくなってしまう。だから、それらをシャットアウトする必要があるのです。

其《そ》の兌《あな》を塞《ふさ》ぎ、其《そ》の門《もん》を閉《と》ぢ、其《そ》の鋭《えい》を挫《くじ》き、其《そ》の紛《ふん》を解《と》き、其《そ》の光《ひかり》を和《やはら》げ、其《そ》の塵《ちり》に同《どう》ず。是《これ》を玄同《げんどう》と謂《い》ふ。

第一に、情報が入ってくる穴を塞ぎ、門を閉じる。

第二に、自分のなかにある鋭さを緩和して、紛争のきっかけをつくらないようにする。これはどういうことかと言うと、自分は鋭い人間だと思った瞬間に、その鋭さを誇示したくなりますね？ すると、誇示された相手は不愉快に感じて、反発します。「嫌なヤツだなぁ」となって、争いが生まれるわけです。そんなことはナンセンスだということです。

第三に、外に向かって輝くきらびやかさを和らげ、そこらじゅうに浮遊する塵と同化する。

ようするに、知性や能力、仁徳などキラリと輝く資質を見せつけるようなことはするな、というんですね。表面的には「何も知らない」「何もわからない」「何もできない」

風をして、通俗性のなかに紛《まぎ》れているくらいがちょうどいい。

これを「玄同」といって、社会や人間のことをよくわかっている人のふるまいとはそんなものだと、老子は言っています。

この「玄同」を徹底して実践するのは、なかなか難しいと思いますが、これができるのがスゴイ人なんです。それが次の件。

故《ゆえ》に得《え》て親《した》しむ可《べ》からず、亦《また》得《え》て疏《うと》んず可《べ》からず。得《え》て利《り》す可《べ》からず、亦《また》得《え》て害《がい》す可《べ》からず。得《え》て貴《たつと》くす可《べ》からず、亦《また》得《え》て賤《いや》しくす可《べ》からず。

「こういう人は利害も貴賤も問題にしないので、誰も親しむことはできないし、かといって遠ざけて疎んじることもできない。利益を与えることもできなければ、損害を与えることもできない。貴人と崇《あが》めることもできなければ、賤《いや》しい身分に貶《おとし》めることもできない。だからこそ、世界で最も貴い人になれる」

そう老子は論じています。

〝教祖様〟のいない老荘思想の魅力

儒家の思想の影響もあって、私たちは「努力に努力を重ねて知恵を身につけ、それを発揮してこそ立派な人物になれる」と思い込み過ぎているのかもしれません。それとは別に、老荘思想の言う、

「真理を穿《うが》つこと、真理に到達することほど、スゴイことはない」

ことも知っておく必要があるでしょう。

私は常々、老荘思想は他の思想や宗教、哲学と違って、真理を伝える介在者がいないことに魅力を感じています。「教祖様がこう諭しています」「偉い哲学者がこう解説しています」といったスタイルではないのです。

もちろん、老荘思想にも老子・荘子という〝語り部〟はいるのですが、彼らは言葉で何かを教えたり、説明したりするというよりも、

「直接的に真理と対峙《たいじ》せよ。『道』と対峙せよ」

と言っているんです。

つまり、自分の内奥にある真理、人間なら誰もが内に持っている「道」に到達することが重要だとしている。そこが非常に潔いと思うのです。

みなさんも、常に外側からの情報を一切遮断するのはムリにしても、ときには自らの内奥をのぞきこみ、真理を穿つことをしてみてはいかがでしょうか。そして、自分の知識や能力をアピールすることに心を砕くのは、まったくもって意味がない、争いの種になるだけだ、という視点も持っていただきたいと思います。

「没頭没我」は創造の触媒

道の働きを表わす大切な言葉に「生生化育」というものがあります。万物を、生み、成長させ、そのものの特性を発揮させ、育てるという意味です。この中で「化」の意味がわかり難いようですが、たとえば松の木は、芽が出た段階ではそれが松なのか何なのか、よくわかりませんね。でも、大きくなるにつれて、いかにも松の姿になっていく。植物はみんなそうだし、人間を含む動物もそうです。「生生化育」の営みが連綿と繰り返されることによって、生き物も社会も継続していくのです。

その「生生化育」という行為を、老子は「陰陽思想」の観点から説明しています。「陰陽思想」とは、受動的な性質（内へ内へと入ってくる働き）を「陰」、能動的な性質（外へ外へと拡大していく働き）を「陽」とする考え方。陰は陽が、陽は陰があって初めて一つの要素となりうる、つまり「陰」と「陽」が和されている状態を完璧としています。

二者択一を超える考え方

ここを踏まえて、「道化第四十二」にある文章を見ていきましょう。

> 道《みち》一《いち》を生《しやう》じ、一《いち》二《に》を生《しやう》じ、二《に》三《さん》を生《しやう》じ、三《さん》萬物《ばんぶつ》を生《しやう》ず。萬物《ばんぶつ》陰《いん》を負《お》ひて陽《やう》を抱《いだ》き、冲《ちゆう》氣《き》以《もつ》て和《わ》を爲《な》す。

まず、言葉通りに解釈すると、「道」が「一」を生み出す。「一」とは何のことかと言うと、「元気」なんですね。文字通り「気の元」です。

その「元気」が「二」を生じる。「二」とは「陰」と「陽」。「元気」が「陰」と「陽」に分かれるんです。逆に言えば、「元気」は「陰」と「陽」で成り立っているわけです。

これは非常に重要な概念です。

では、その「二」は何を生ずるかと言えば「三」、つまり「冲気」を生じます。「冲」の字を見てください。サンズイではなくニスイですね？　「冲気」とは「空っぽ」という意味です。言い換えれば「無」、それも何もないという単純な意味での「無」ではな

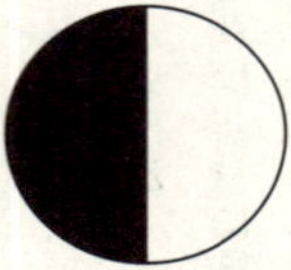

陰陽相矛盾する問題
解決 — どちらを取るか

陰陽は相補する関係
Complement

く、何かを生み出すものすごいエネルギーに満ちています。

そして「三万物を生ず」というのは、「陰」と「陽」が「冲気」によって和されて、一体化してさまざまなものを生み出すことを表わします。

それを逆から言い表したのが次の「万物陰を負ひて」以下の件。「陰」と「陽」の性質を併せ持つ万物が、両者を和する働きのある「冲気」によって、何が「陰」で何が「陽」かわからなくなるまで混然一体となって、新たなものを生み出す、としています。

ちょっとわかりにくいかもしれませんね。現代に即して説明しましょう。図を参照してください。

上の図は、私たち現代人にとって馴染《なじ》みのある「二元論」の世界です。「陰」（黒の部分）と「陽」（白の部分）を相反するものとして捉えています。ビジネスにたとえるな

ら、「コストをとるか、サービスをとるか」という具合に、二者択一で物事を考えます。具体的には、

「もっとサービスを向上させたほうがいいんじゃないか。いや、コストが上がると困るから、コストダウンを図ることが最優先だ。今回はコストをとろう」

という感じでしょうか。

これを私は「五十点解決法」と呼んでいます。コストに関する問題は見事に解決できますが、あとのサービスの問題についてはノータッチ。何も改善されません。しかし、それでいいのですか、ということなんです。

一方、「陰陽思想」では、下の図のように、カッチリ二つに分けて考えることはありません。「陰」と「陽」は相補う関係で、二つが合わさってカタチを成すのだから、分けるのはおかしいとしているのです。

英語で「Complement」と付したのは、近年アメリカの経営書にこの言葉が用いられることが多くなってきたからです。「経営に〝陰陽メソッド〟を取り入れよう」という傾向が顕著になってきたのです。この考え方でいくと、わかりやすく言えば「サービス向上とコストダウンと、両方取ればいいじゃないか」となります。「二元論」を超えて

「百点解決法」を探るのですから、こちらのほうがいいですよね。

そんなふうに言うと、すぐに反発の声が返ってきます。

「それは理想論だろう。それができないから困っているんじゃないか。現実に相反する要素を満たすことなんて、できやしないんだよ」

お説ごもっともですが、やる前からそんなことを言ってはいけません。我を忘れるくらい一生懸命考えればいいのです。それが老荘思想の言う「冲気」。陰陽和することに没頭没我することを意味します。

試しに、新しい技術や商品、サービスなどを開発した人に、「どうやって生み出したんですか？」と聞いてごらんなさい。その人には必ず、我を忘れて開発に取り組んだ一瞬、いや一瞬どころか数日、数週間、数カ月、数年があるものです。そのときが「冲気」なのです。没頭没我するときの、言ってみれば「無我の境地」が、陰陽という相対立する矛盾に満ちた状態のものを和して、新しいものを創造するわけです。

つまり、没頭没我・無我の境地が創造性の触媒になる、ということです。

ビジネスにも役立つ「陰陽和す」発想

ここで二つほど、「陰陽和す」ことの例をあげておきましょう。

一つは、宅配便。サービス向上とコストダウンの両方を取るにはどうすればいいか。まず、コストがかかる状態を考えてみてください。ゴールは荷物がちゃんと届け先に届くことです。業者としては、荷物を保管するコストと、何度も届け先に足を運ぶコストがかかってしまいますから、お客が家にいるときに届けるのが、一番コストがかからない方法です。

一方、お客はどうでしょう？　家にいないときに荷物を届けられても、困りますね。いつもポストに業者からの不在票が入っていて、「いるときに届けてくれればいいのに」とサービスに不満を感じます。

であれば、「お客がいるときに届ける」のが、業者にとってもお客にとってもベストだとわかります。その発想から生まれたのが「お届け時間を指定できるサービス」ではないでしょうか。これをうまく機能させれば、サービス向上とコストダウンを両立させることが可能になります。

ビジネスにはこんなふうに、相反する二つの要素を両立させる快感というものがあるのです。

もう一つの例は、ビール。一昔前にスーパードライというビールが大ヒットしましたが、どうしてだと思いますか？

ビール好きの人なら、すぐにわかりますね。それまでのビールは、大雑把に言うと「コクのある」タイプと、「キレのある」タイプに分かれていたところへ、「コクがあって、キレがある」新しいタイプのビールが登場したからです。

聞くところによると、ビールにはまったくの素人だった当時の社長さんが、「コクにするか、キレにするか、なんて言わずに、両方取ったらいいじゃないか」と提言したのが開発の始まりだったとか。開発を担当する人たちは、口々に「そんな素人みたいなことを言わないでくださいよ」と反発したそうです。

それでも開発陣は「そりゃあ、コクとキレの両方を取れるんだったら、いいよなぁ」と考えたのでしょう。〝社長命令〟に従って、一生懸命研究したようです。それこそ「冲気」を実践したわけです。

そうしてできあがったのがスーパードライ。消費者は「キリリとした喉越しと、トロリとした味わいの両方がある、いままでにないビールだ」と飛びついたんですね。

これら二つの例でわかるように、ビジネスでは「陰陽和する」ことが非常に大事なのです。相矛盾する二つの要素があるときは、「どちらを取るか」と悩んではダメ。それは単なる「五十点解決法」でしかないことを、わからなくちゃいけない。

ぜひ、「両方取る」方向で新しいものを生み出す気概をもって、没頭没我して取り組んでみてください。

さらに言えば、「新しいものを創造する」原動力となるのは、競争ではないことも承知していただきたい。他社との競争はあるにしても、勝てるか否かは「いかに没頭没我できるか」にかかっています。

そういう意味では、競争が激化していると言っても、結局のところは他社、あるいは他者との競争ではなく「自分との戦い」と見ることができるでしょう。「道化第四十二」の冒頭の文章は短いけれども、ビジネスに役立つ多くのことを示唆してくれるんですね。

転換期に効く「陰陽和す」という考え方

前項と同じく「道化第四十二」では、人としてのふるまいにおいても、「陰陽和す」ことが大事であると述べています。

人《ひと》の悪《にく》む所《ところ》は、唯《ただ》孤《こ》、寡《くわ》、不穀《ふこく》のみ。而《しか》るに王公以《わうこうもつ》て稱《しよう》と爲《な》す。

「孤」はみなしご、「寡《か》」はひとりぼっちの人、「不穀」は自分で自分の食い扶持も稼げない人、を意味します。そういう「孤」「寡」「不穀」の状態になるなんて、誰だってゴメンですね？　だから、王様とか身分の高い人たちは、あえて自分のことを「孤・寡・不穀の己は」というふうに称するのです。

なぜかと言うと、栄耀栄華《えいようえいが》を極めている自分は「陽」だから、その対極にある「孤・寡・不穀」という「陰」の境遇を呼称につけなければ、「陰陽和す」状態がつくれないからです。

日本語でも、「不肖田口は」といった言い方をしますね？　とくに、これから自分がやろうとしていること、言おうとしていることが大それたことである場合、そうやってへりくだることによって、「陰」と「陽」のバランスをとっているわけです。

さらに老子は、こう続けています。

故《ゆゑ》に物《もの》或《つね》に之《これ》を損《そん》して益《えき》し、或《つね》に之《これ》を益《えき》して損《そん》す。人《ひと》の教《をし》ふる所《ところ》は、我《われ》も亦《また》之《これ》を教《をし》へん。強梁《きやうりやう》なる者《もの》は其《そ》の死《し》を得《え》ず、と。吾将《われまさ》に以《もつ》て教父《けうふ》と為《な》さんとす。

「損」と「益」も陰陽の関係で、「損なときもあれば、利益が得られるときもある」というのが普通だとしています。損ばかりしているとか、利益を得る一方だ、といった状態は、陰陽和していないから、完璧ではないのです。

こう聞くと、ちょっと気がラクになりませんか？

利益を出そう、利益を出そうとがんばり続けるのは、とてもしんどいものです。利益を出し続けることよりも、「利益を出さなければならない」ことが強迫観念のようになって苦しめられる感じでしょう。

そうして頭のなかが利益のことでいっぱいになると、つい強引なやり方をしてしまう。尊大な態度をとるようにもなるでしょう。結果、陰陽のバランスが崩れて、損を出すことになるのです。

そんなときは、ちょっと損することを考えるといいんですね。といっても、さぼったり、失敗したりすることを推奨しているのではありません。

たとえば、謙虚になることも損のうちです。「私ががんばって利益を出したんだ」などとアピールせず、

「利益が出たのはたまたまの結果で、いろんな方が支えてくれたおかげです」

という気持ちを持つ。

あるいは、利益の幾分かを慈善事業に寄付するとか、利益に応じて配分された報酬の一部を誰かのために使うとか、ようするに利益を独り占めしないことが大切です。

それによって、陰陽のバランスがとれるからです。

「利益を上げたいと思うなら、謙虚になって『陰陽和す』にはどうすればいいかを考える」

これが、ビジネスで利益を上げ続けるコツの一つと言えるでしょう。

そして、老子が最後に言っているのは、「強梁《きょうりょう》、つまり力に任せて自分が上へ、上へとのし上がろうと思う一方の人は、ろくな死に方をしないものだ。古くから言われているそのことを教訓に、私は突っ張ることなく謙虚に、自然体でやっていくことにしよう」ということです。

閉塞感を打ち破るには

ところで、この「陰陽和す」という考え方は、仕事が行き詰まったときの発想法にすると非常にいいと思います。これまでのやり方を根本から変えることができます。

「はじめに」で「上り坂の儒家、下り坂の老荘」――状況に応じて儒家の思想と老荘思想を使い分けることの重要性についてお話ししましたね。その革新が必要な転換期に有効なのが「陰陽和す」という考え方なのです。「戦いに勝つ」ためにも、これは重要なポイントになります。

歴史を振り返れば、時代の転換期には決まって「陰陽和す」ことに重きを置く名将が出現しています。たとえば、徳川家康がそう。

家康が天下を統一する前、日本は戦国時代でした。言うなれば「戦乱があって当たり前」という世の中です。天下取りを狙う武将たちの頭のなかには、武力をもって専制的に世を治める「武断政治」を敷くことしかなかったでしょう。

ところが家康は、一六〇〇年に戦乱の世を終結させると、一転して「文治政治」に向かって新しい政治の方針を打ち出しました。おそらく彼は、

「陰極まれば陽となり、陽極まれば陰となる」

という時代の流れを読んでいたのではないでしょうか。

つまり、「武力頼みの世の中が長く続き過ぎた。その反動から今後、時代はまったく逆の方向に向かう」と考えた。そして、自ら「陰陽和す」政策をもってして、世の中を治めようとしたのだと思います。

さらに時代を遡れば、北条泰時《ほうじようやすとき》という人がいます。鎌倉幕府の第三代執権となった彼は、一二二一年に起きた承久《じようきゆう》の乱——後鳥羽《ごとば》上皇が倒幕の兵を挙げて敗れた兵乱で、いみじくも天皇に向かって弓を引きました。そんなことは、あってはならないことです。

なぜ、泰時がそこまでしたかと言うと、

「京都の公家政権と鎌倉幕府の武家政権との均衡をとらないと、この国をうまく治めて

いくことはできない。従前の貴族社会は腐敗し切っていたではないか。公家の力もあれば、武家の力もある。その両方が共存する社会でないといけない。幕府が公家政権に倒されるわけにはいかない」

という発想があったからです。これも「陰陽和す」戦略と言えるでしょう。

それ以前にも、こんな指導者がいました。持統《じとう》天皇です。「いや、天武《てんむ》天皇だ」と言う人もいると思うのですが、どちらにしてもその発想の一大転換は「大宝律令《たいほうりつりょう》」に表われています。

この法典の根底には、「政治には神を祭る政《まつり》と、政治を取り仕切る政の二つがあって、陰陽和していないとうまくいかない」という理解がきちんと示されているのです。それ以前の神代の昔にはなかった概念でしょう。

こういった歴史を見ると、ときの支配者が「陰陽和す」という考えによって、それまでの時代の閉塞感を打ち破り、上手に時代を転換させていったことがわかります。

政治だけではなく、ビジネスや人生においても同じことが言えます。うまくいっているときはともかく、下り坂になって行き詰まってしまったら、発想をガラリと変えて今後を考えてみてください。

行き詰まったこと自体が、陰陽のバランスが崩れている証拠。好調だったときのやり方にしがみつくのは得策ではありません。まったく逆のやり方に転じることで、悪い流れを断ち切ることが可能になるのです。

第五章

強くあろうとしていないか

——柔弱は剛強に勝る

生命力にあふれるものは柔らかい

人は長ずるにつれて、「強くなろう」「大物になろう」と願うようになります。成長という意味では当たり前の志向と見ることができますが、老子は「柔弱《じゅうじゃく》」——柔らかく、軟《やわ》らかくあることを重視しています。

「柔弱」は、「道」の無為自然なあり方と通じるものなんですね。

このことを「戒強第七十六」では、人の誕生と死滅、草木の芽生えと枯死《こし》といった現象にたとえて、こう表現しています。

人《ひと》の生《う》まるるや柔弱《じうじやく》なり。其《そ》の死《し》するや堅強《けんきやう》なり。萬物草木《ばんぶつさうもく》の生《しやう》ずるや柔《じう》脆《ぜい》なり。其《そ》の死《し》するや枯槁《こかう》す。故《ゆゑ》に堅強《けんきやう》なる者《もの》は死《し》の徒《と》、柔弱《じうじやく》なる者《もの》は生《せい》の徒《と》なり。

赤ちゃんは柔らかく、生命力にあふれていますね。ところが、死に向かうにつれて人間は堅くなるばかり。万物みな同じで、たとえば草木のように、芽はとても柔らかくもろいけれど、朽ちるときは干乾《ひから》びてガサガサになってしまう。これをもって老子は、

「堅強なものは死に、柔弱なものは生に分類される」

と断じているのです。と同時に、

「それなのにどうして、この世には『強いことがすばらしい』というような価値観がまかり通っているんだろう？　おかしいじゃないか」

と問題提起をしています。

強大なものほど下に沈む

続く文章では、軍隊と樹木を例にとって、さらに「強くあることは危険なことだよ」と警告を発しています。

兵強《へいつよ》ければ則《すなは》ち滅《ほろ》び、木強《きつよ》ければ則《すなは》ち折《を》らる。

「そんなことはないだろう」と思うかもしれませんが、よく考えてください。

軍隊というのは強ければ強いほど、何かにつけて武力で解決しようとしませんか？戦争を起こしがちなんです。それは逆に言えば、常に滅ぼされる危険と隣り合わせにある、ということです。

老子は軍隊を否定していません。しかし、どうせ持つなら相手が戦う意欲を失うほどの軍隊か、もっと柔軟極まりない、ゲリラのような軍隊を考えているのではないでしょうか。

また樹木も、たとえば強い樫《かし》の木だって、その強さを上回る大風が吹けば、なぎ倒されてしまいます。でも、柳のように柔らかい木は、強い風が吹いてもしなるように受け流します。まさに「柳に風と受け流す」ように風をかわす。柔軟の極致なんですね。

以上をもって、老子はこう結論づけています。

強大《きやうだい》なるは下《した》に処《を》り、柔弱《じうじやく》なるは上《うへ》に処《を》る。

この世では必ず、堅強で大きなものは下へ沈んでいき、柔らかくて弱いものは上へ上へと上がっていく。それが自然の摂理だということです。

「強くなろうとしていないかい？　大きくなろうとしていないかい？　そんなのは不自然だ。やがて身を滅ぼすよ。それよりも柔軟さを目指さなきゃいけない。そのほうが可能性がうんと広がるんだよ」

そんな老子の問いかけが聞こえてきそうですね。

この件を読むと、受講生の方々はいろいろと考えさせられるようです。セミナーにはこんな感想が寄せられています。

「我を張れば張るほど、自分が傷つくし、うまくいかない場合が多い。それよりも、人の意見や状況を柔軟に受け入れたほうが、むしろ自分の思い通りに事が運ぶ。そんなことに思い当たった」

「一歳半の子どもと遊んでいると、自分の頭がどれほどかたくなっているかがわかる。学ぶことが多いと感じていたが、『戒強第七十六』を読んで、そういうことかと合点がいった」

みなさんはどう受け止めたでしょうか。

水のように謙虚であれ

上善《じやうぜん》は水《みづ》の若《ごと》し。

（易性第八）

この言葉は、聞いたことのある人が多いでしょう。でも、「お酒の名前ですか？」なんて言わないでくださいよ。

「上善《じょうぜん》は水の若し」とは、老子が言う最善の状態を表わした言葉です。「断然、水のようなものが、最善なんだよ」と言っているのです。

どういうことでしょうか。次を読んでみましょう。

水《みづ》善《よ》く萬物《ばんぶつ》を利《り》して争《あらそ》はず。

この文章には二つの意味があります。一つは、人間をはじめ万物は水なしには生きていけませんね？　でも、水は「オレのおかげで、みんなは生きられるんだぞ」なんて言いません。自慢してもいいようなものだけど、功を争わない。「不争」なんです。

そこが「道」と同じだと言うんですね。「道」だって、万物を生み出すという大仕事をしているのに、「オレが生んでやったんだ」などと主張しませんから。

もう一つの意味は、「水はみんなから〝いいとこ取り〟をしている」というのです。水は山間を流れながら、鉱物や藻など、さまざまなものから栄養分を吸収しています。私たちがいま、水を買っているのも、自然のミネラルが豊富に溶け込んでいるからです。

そこから転じて、老子は、

「あなたも水を見習って、触れ合う人たちはみんな、自分の師匠だと思って、何か一つ教わったらどうですか？　人に会えば会うほど、多くのことを学べるんじゃないですか」

と言いたいのだと思います。

そういう水のような謙虚さをもっていれば、傲慢になったり、頭がかたくなったりすることもないでしょう。前項でお話ししたように、生命力あふれる生き方にとって非常に大事な柔軟さを保つことができるのです。

水を手本とした「不争」の教え

そういう謙虚さが大切であることは、次の件でも言っています。

衆人《しゅうじん》の悪《にく》む所《ところ》に處《を》る。故《ゆゑ》に道《みち》に幾《ちか》し。

水は下へ下へと流れていって、低いところに溜まります。そこは、湿地のような汚い場所。人々が好まないそんなところにいても、水は文句一つ言いません。非常に謙虚なんですね。そこがまた「道」に似ている、というのです。

水の争わないところ、謙虚なところは、「道」に通じるもの。生き方の基本になるのではないでしょうか。

「易性第八」は、さらに続きます。まぁ、あとは〝付け足し〟のようなものですが、せっかくですから紹介しておきましょう。

居《きょ》には地《ち》を善《よ》しとし、心《こころ》は淵《えん》なるを善《よ》しとし、與《あた》ふるには仁《じん》なるを善《よ》しとし、

言《げん》は信《しん》なるを善《よ》しとし、政《せい》は治《をさ》まるを善《よ》しとし、事《こと》には能《のう》なるを善《よ》しとし、動《うご》くには時《とき》なるを善《よ》しとす。夫《そ》れ唯《ただ》争《あらそ》はず、故《ゆゑ》に尤《とが》無《な》し。

「地に足をつけて暮らし、奥深く思考をめぐらせ、人とは情け深く交わり、信用できる物言いをするのがいい。

また、世を平和に治める政治が行われているのがいいし、何事にも有能なほうがいい。タイミング良く行動するのがいい。

こんなふうに何事も、水を手本として争わないのが一番いい。争わなければ間違いも起こらないものだ」

一言で言うなら「不争」の教えですね。ここでも「道」に通じる生き方として、水の働きを述べています。よく味わってください。

水のように変幻自在たれ

水の働きとしてもう一つ注目すべきは、「カタチがない」ことです。水は、つかもうとしてもつかめませんね？

だから、どんなに狭いところにも身を細めて入り込めるし、広いところではゆったりと身を広げます。ようするに、相手のカタチに合わせて、どこにでも入っていけるのです。

これは、柔軟さの極致。そういう水を通して、老子はこう言いたいのでしょう。

「自分のカタチを持つと、そのカタチに合った器にしか入れない。ムリヤリ入るためには、器をもっと大きくしてくれ、小さくしてくれと争ったり、自分に合わない器になど入るものかと拒否したり、どうしたって争いが起きる。

そんなのはつまらないことだ。水のように、相手の器に合わせればいい。どこにだってスッと入っていける。カタチを持たないことで、争うことも、突っぱねることもなく、自由に生きていけるんだよ」

これを日常生活に活用するならば、まず自分の主張からはじめないで、相手の意見を聞くことからはじめることです。

セールスといえば、売り込むことと思っている人が多いのですが、だから相手の心に入れないのです。まず顧客の要求にじっと耳を傾けることです。

「無為不言」の益を学べ

このことに関連して、「徧用第四十三」には次のような文章があります。

天下《てんか》の至柔《しじう》にして、天下《てんか》の至堅《しけん》を馳騁《ちてい》す。無有《むいう》にして無間《むかん》に入《い》る。

「天下の至柔《しじゅう》」とは、世界で一番柔らかいもの、水のことです。その対極にある世界で一番堅いもの（至堅）は金属や石などです。そして「馳騁」は「支配する」という意味。したがって、水のような柔らかいものは、どんなに堅いものをも支配する、というのです。

「雨だれは石をも穿《うが》つ」という言葉がありますね？　水のしずくがポトンポトンと石の上に落ちると、それは本当にわずかな力だけれど、長い間には岩に穴をあけることだってできる。そういうことを言ってるんですね。

また「無有《むゆう》にして無間《むかん》に入る」とは、前に言ったように、カタチがなければ、隙間がないところにだって入っていける、という意味です。隙間がなくたって、水は滲《し》みていくでしょう？　そのくらい水には入れないところはないのです。

このことをもってして、老子は「無為の益有るを知る」としています。「自分から何もせずにいることこそ、有益であるとわかった」と言うのです。そして、結論。

不言《ふげん》の教《をしへ》、無為《むゐ》の益《えき》は、天下《てんか》之《これ》に及《およ》ぶもの希《な》し。

言葉に頼らない「不言」、すなわち無言の教えと、何もしないで利益を得る「無為の益」があることは、天下の何物もおよばないくらいすごいことである――老子は繰り返し、「無為不言の益」を学びなさい、と述べているのです。

「それはわかります。わかりますけど、相手の言いなりになってばかりでは、単に優柔不断なだけじゃないですか。何か腑《ふ》に落ちない感じが残るんです」

セミナーでは、こんな意見が出ました。たしかに、相手に合わせているだけでは、フラストレーションがたまりそうです。

でも、老子は何も「自己主張するな」とは言ってません。

ここぞというときには、水だって激しく主張するのです。

どういうことかと言うと、ふだんは穏やかに流れる水も、三年とか五年に一度、暴れまわるときがあるでしょう？　鉄砲水や洪水などがそれです。だから、何も主張しないというわけではないのです。

また、こんな意見もありました。

「ビジネスのうえでも、相手に合わせて、異質を受け入れて対応することは得策だと思いました。ただ、一見損な役回りを演じることで評価されようとする、計算高く利己的な人間のようにも感じてしまいます」

どこかで計算していたら、それは作為的な行動。「無為」ではありませんね。

そんな作為的なことを繰り返していたら、二回くらいはうまくいくかもしれませんが、三度目にはもうバレます。「鼻持ちならないヤツだなぁ」と見抜かれ、評価はがた落ちになるでしょう。

それに、計算ずくで謙虚にふるまうなどということは、決して長続きしません。周囲に評価されないだけでなく、ムリして謙虚にしている分、自分にもストレスがたまってしまうのです。

老子が「益あり」としているのは、あくまでも「無為不言」であることを忘れないようにしてください。

身の丈を知る

老子は「苦恩第二十四」のなかで、人間はえてして自分を大きく見せる、良く見せることに腐心してしまいがちであることに苦言を呈しています。

跂《つまだ》つ者《もの》は立《た》たず、跨《また》ぐ者《もの》は行《ゆ》かず。

自分を大きく見せようと、背伸びするように爪先立つ。そんな姿勢が長続きしますか？　すぐにバランスが崩れて、立っていられなくなります。

また、少しでも速く、遠くまで行こうと、めいっぱい足を広げて大股で歩く。そんな歩き方がいつまでできますか？　すぐに疲れて、休憩が必要になります。

無理をして、一時的に自分を身の丈以上の人物に装うことはできるかもしれないけれど、長続きしないのです。続けて、こうも言っています。

自《みづか》ら見《あら》はす者《もの》は明《あきら》かならず、自《みづか》ら是《ぜ》とする者《もの》は彰《あきら》かならず。

能力をひけらかすような人は、かえってその才能が認められない。また、自分が正しいと主張する人は、疑われる。つまり、「自分が、自分が」とアピールすればするほど、周囲は鼻白《はなじろ》むものだ、というんですね。さらに、続きます。

自《みづか》ら伐《ほこ》る者《もの》は功無《こうな》く、自《みづか》ら矜《ほこ》る者《もの》は長《ちやう》とせられず。

この辺は前にも出てきましたね。自分がやったと自慢する人は、何事も成功しない。自分の能力をひけらかす尊大な人は、トップになっても長続きしない。

こんなふうに身の丈を知らないふるまいの例をあげて、そんなことを「道」は良しとしないとしています。「余食贅行《よしぜいこう》」といって、それは食べ残しをするようなもの。よけいなふるまいであると断じています。

では、どうすればいいのかと言うと、「実質的に生きようよ」「ムリをせずに、身の丈に合った生き方をしようよ」ということです。

ここで注意して欲しいのは、「身の丈を知る」といっても、「消極的に生きなさい」と言っているわけではないことです。実体としての身の丈を大きくする努力は必要です。大きく見せようとすることが不自然だと言っているのです。

その意味では、新たなことに挑戦して、自分の可能性を広げていくことは、非常に大事です。そこを間違えないでください。

よく「努力や根性は老荘的には無意味ですか？」といった質問を受けますが、それは努力や根性に対して失礼というものです。ただ、努力や根性だけでは通用しない世界もあるということを知る。そこに意味があるのです。

言い方を変えれば、「努力や根性で何とかなるというのは、まだまだ甘い。どんなにがんばっても、どうにもならない世界がある。それを手に入れようじゃないか」というのが老荘思想であると捉えていただいていいでしょう。その世界こそが後に説明する「名人・達人の領域」でもあると言い添えておきます。

上に立つ者は虚心であれ

天地《てんち》不仁《ふじん》、萬物《ばんぶつ》を以《もっ》て芻狗《すうく》と爲《な》す。
聖人《せいじん》不仁《ふじん》、百姓《ひゃくせい》を以《もっ》て芻狗《すうく》と爲《な》す。

（虚用第五）

この「天地不仁、聖人不仁」の件は、『老子』のなかで非常に有名な件です。どういう意味かと言うと、まず、

「天地には特別な愛情がない」

と言うのです。どういうことでしょう？

逆を考えてみてください。もし、創造主たる天地に特別な愛情があったら、「こいつはかわいい」「あいつは憎い」となって、秩序も何もあったものではなくなります。万物に対する扱いが公平・公正ではなくなるのです。

そうなるくらいなら、愛情なんてないほうがいい。だから天地は、「万物を藁《わら》でつく

った犬のように扱っている」のです。「芻狗《すうく》」というのは、祭礼に用いられる藁犬のこと。日本で言えば正月のお飾りのようなもので、祭りの間は大切に扱われますが、その用がすめば藁クズとして捨てられます。また「百姓」というのはお百姓さんではなく、すべての人たちという意味です。

非情なようですが、天地というのは万物をそんなふうに生み出しては捨てているわけです。ようするに「虚心」、役割を果たしてくれればいいという考えなんですね。「道」のあり様を自己のあり様とする聖人も同じで、誰に対しても特別な愛情など持たないのです。

変に愛情などを持ってしまうと、どうしてもえこひいきをしたくなります。老子は「そんなリーダーは恐ろしくてしようがない。上に立つ者の心得として、誰に対しても特別な愛情や個人的な感情を持たないことが重要だ」と言っているのです。

「ふいご」のように空っぽであれ

では、リーダーは自分の部下たちをどう見ればいいのか。ここでまた芻狗が出てきます。「自らの役割を果たすために存在している人たち」だと見てくれ、ということなのです。

なぜかということが、次に書かれています。

天地《てんち》の間《かん》、其《そ》れ猶《な》ほ槖籥《たくやく》のごときか。虚《きょ》にして屈《つ》きず、動《うご》いて愈々《いよいよ》出《い》づ。

「槖籥《たくやく》」とは火をおこすための道具である「ふいご」のこと。ふいごは真ん中に空っぽの空間があいているからこそ、空気を通し勢い良く出しますね？　天と地の間の世界は、そのふいごのようだとたとえています。

ふいごは空っぽだからこそ、そこから万物が生まれ、尽きることがない。動けば動くほど、ますます多くのものが生み出される。そういうふいごと同じで、上に立つ者も虚心であれば、部下たちがどんどんいい仕事をしてくれると言っています。

つまり、リーダーたる者は腹に一物《いちもつ》あってはいけない。愛情や個人的感情を抜きにしてつき合わなければ、ふいごの空間にいろんな思いが詰まって、部下たちも右往左往してしまう。そんなことを言いたいのだと思います。

そして最後の「無言の教え」へと続きます。

多言《たげん》は数々《しばしば》窮《きゅう》す。中《ちゅう》を守《まも》るに如《し》かず。

何か追及されたり、叱られたりしたとき、「言えば言うほど、事態を悪化させてしまった」というような経験を、みなさんもしたことがありませんか？　言葉というものはそれほど頼りないものなんですね。

だから「中を守る」、ことさらに何も言わずに、虚心を守るにこしたことはない。そう老子は言っているのです。

これは簡単なことのようでいて、実践するとなると意外と難しいものです。受講生の方から、こんな質問が飛び出しました。

「上の人から励ましや労《ねぎら》いの言葉をもらうと、下の者はとても嬉しいものです。いい上司だと思うのですが、本当は良くないのですか？」

いいんです、虚心から出た言葉であれば。「腹に一物ある」というのがいけないわけで、上司に「うまく乗せて働かせよう」とか「かわいがって自分の味方にしよう」といった作為的な気持ちがなければいいのです。

「無言」といっても、心から出た言葉であれば、「多言は窮す」ということにはならない。そんなふうに理解していただければいいんじゃないでしょうか。

また、こんな意見もありました。

「どうしても好きになれない人もいれば、不思議と憎めなくてかわいがりたい人もいます。なかなか虚心になれないのが、正直なところです」

相性というか、人には好き・嫌いがありますね。でも、愛憎をもって遇される人は、つらいものです。愛されるのは嬉しい反面、周りから妬《ねた》まれることはよくあります。あるいは、なぜだか嫌われて、苦しい思いをすることもあるでしょう。

一方、愛憎を抱えているほうだって、心穏やかな日々を送れません。

どちらにとっても、いいことはないのです。そんなことで互いがイヤな思いをするくらいなら、何も思わないに限る。難しいと感じるかもしれないけれど、日々「心を空っぽにしよう」と心がけて暮らしてみてください。いずれ、難なく淡々と人に対することができるようになります。

もっとも、そう几帳面に考えることはありません。「中を守る」の「中」とは、「多言ではないほどほどの発言に留めよ」という程度に解釈していいのではないでしょうか。

何をしているかわからないリーダーが最高

みなさんはどんなリーダーがすばらしいと思いますか？

「オレについて来い」

と、社員や部下を強力に引っ張ってくれる人でしょうか。

それとも、誇りをもって仕事をする姿に敬服させてくれる人でしょうか。親しみを感じさせてくれる人でしょうか。

「リーダー論」に関しては、アメリカを代表するリベラル派の国際政治学者であり、民主党政権で政府高官を務めた経歴を持つジョセフ・S・ナイという人が、著書『リーダー・パワー』の冒頭で、『老子』の「淳風第十七」にある言葉を引いています。

本書は「西洋社会が目指さなければいけないリーダー像」を書いたもので、簡単に言えば、「従来型の〝オレについてこい式〟のリーダーシップはもはや行き詰まっている。老子の説くリーダーシップ論に耳を傾けるべきだ」と言っているんですね。

西洋のほうが日本を通り越して中国古典から学ぼうとしていることは、注目すべきことではないでしょうか。

そんなことも頭に入れつつ、「淳風第十七」を読み解いていきましょう。

太上《たいじやう》は下之有《しもこれあ》るを知《し》るのみ。

「優秀にしてすばらしいリーダーというのは、下の者がそういうリーダーのいることを知っているだけでいい」

文字通りに解釈すれば、そういうことです。

自己主張する社長はなぜダメか

どういうことかと言うと、たとえば社長なら、社員たちが「うちの社長が名経営者であることは知っているけれど、具体的に何をしているんだかまったくわからない」と思う、そういう社長がすばらしいと言うんですね。

ここで、社長の一番の願いは何かを考えてみましょう。答えは単純明快。会社の業績がずっと、できれば永続的に上がり続けることです。

そのために社長というのは、かなりの努力をしています。社員が持てる力を発揮しやすいように環境を整えたり、将来戦略を立ててそのお膳立てをしたり、社員の目には見えないところで粉骨砕身《ふんこつさいしん》しているものです。

けれども、名社長は業績が上がり続けているからといって、「オレがこういうことをやっているから、うまくいっているんだよ」などと言わないし、そんな素振りも見せない。なぜなら、社長がそういう自己主張をした瞬間に、社員の腰が砕けてしまうと知っているからです。

好業績も社長の働きのおかげだということが目に見えてわかると、社員は大きく分けて二つの反応を見せます。

一つは「自分たち社員には何の力もないんだよなぁ」と自信を失くす。

もう一つは、「社長にばかり大変な思いをさせて、申し訳ないなぁ」と後ろめたく感じる。

いずれにせよ、社員の気持ちをそんなふうに落ち込ませると、業績はたちまち下降線をたどることになります。

それよりも、社長が何をやっているかなど知らぬ存ぜぬで、社員一人ひとりが「オレががんばらなきゃ」という気持ちで仕事に励むことのほうが大切なのです。そういう状況がつくり出せれば、業績は放っておいても上がります。

二番目のリーダーについて、老子はこう述べています。

之《これ》に親《した》しみ之《これ》を誉《ほ》む。

「誉《ほ》む」というのは誉《ほま》れ。「親しみがあって、下の者たちが誉れに思うリーダー」がいいと。これなど、最高のリーダーに思えますね？

ではどうして二番目かと言うと、下の者がプレッシャーを感じてしまうからです。リーダーが何をしているかが目に見えてわかり、下の者が「それに比べて自分ときたら……」とか、「自分もああでなくては」などと重荷に感じるのです。

部下がそんなふうに不自由で窮屈な感じを持つことが、組織にとっていいか、悪いかということですね。

それより下、三番目は「之を畏《おそ》れ」る、つまり下の者が恐れをなしちゃう、そのくらい厳しいリーダー。一番ダメなのは「之を侮《あなど》る」、下の者に侮られる、バカにされるリーダーだとしています。

これは頷《うなず》けるでしょう。厳しすぎるリーダーには部下が萎縮してしまうし、リーダーが部下から軽く見られているのでは組織としていい業績を上げられるわけがありません。

その理由を老子は、「信《まこと》足らざればなり」、信頼されるに足りるだけの誠実さがリーダーにないからだとしています。

そして、締め括りにこう言っています。

猶《いう》として其《そ》れ言《げん》を貴《たっと》べ。功《こう》成《な》り事《こと》遂《と》げて、百姓《ひゃくせい》皆《みな》我《われ》自《みづか》ら然《しか》りと謂《おも》へり。

「リーダーたる者は部下が仕事をしやすいように働きながらも、ゆったりと構えていなさい。自分があれをやった、これをやったと言うのは慎みなさい。そうすれば、仕事の成果は上がり、事業を成し遂げることができる。しかも、下の者たちは誰もが、自分が業績の一端を担ってうまくいったんだと思うだろう」

カラヤンは老荘的な名リーダー？

このリーダー論については、みなさん、考えさせられるようです。なかには、「理想的なリーダーだとは思いますが、現実に周囲が理解してくれるのかどうか、疑問が残ります。『リーダーとは名ばかりで、何もやらないじゃないか』と思う人もいるのではないでしょうか」

などと心配する人もいます。

そんなことを気にする必要はありません。他者がどう思うかと考えること自体、老荘思想的には無意味です。自分ががんばっていれば、「道」が味方をしてくれる。だから、自分が何をやっているのかなど、部下に理解されなくたって、結果的に信頼を得ることができるのです。

また、この話から指揮者のカラヤンとトスカニーニのリーダーシップを想起した人もいました。私も音楽は好きなので、非常に興味深く思いました。その方の感想をご紹介しておきましょう。

「ある指揮者から聞いた話によると、カラヤンは演奏者が気持ちよく最高の演奏ができる環境を整えることに尽力したそうです。他方、トスカニーニは自分の思った通りに演奏することしか許さない人だったといいます。

その違いからか、カラヤンの指揮で演奏した人たちは『自分たちのオーケストラは最高だ』、トスカニーニの指揮で演奏した人たちは『トスカニーニはすばらしい』と語ることが多いとのことでした。

この話をしてくれた指揮者の方には、カラヤンの指揮で演奏した人たちのほうが、明らかに幸せそうに見えたそうです」

私が知っている限りで言えば、カラヤンは演奏者一人ひとりの個性を自由に遊ばせて、全体の調和をとるのがうまかった。トスカニーニは理想を描いて、ビシッと計画して、その通りにみんなでつくりあげていくところがある。どっちが老荘的かと言えば、カラヤンでしょうね。

ただし、カラヤンがいい、トスカニーニが悪い、と単純に割り切ることはできません。トスカニーニのように、自分で理想を示し「さぁ、ついてこい」とメンバーを引っ張るほうがいい場合だってあります。

自分の価値観が絶対的だと思い込み過ぎると、それがまた弊害を生みます。いろんな考え方があることを知って、たとえば前に述べた「上り坂の儒家、下り坂の老荘」のように、ベストな方法を使い分けていくことが大事でしょう。

この「淳風第十七」から学ぶべきは、「老荘的な名リーダーというのは、自分の率いるメンバーがみんなやる気になって、自分の力でどんどん仕事ができるように、〝黒子《くろこ》〟に徹して黙々と働く人だ」ということです。

成功したら「退《ひ》きどき」を考える

ここに、水がなみなみと注がれたコップがあったとします。それを運んでくださいと頼まれたら、かなり緊張しませんか？

水をこぼさないようにしなければと思うと、一歩も先へ進めない。それだけで人間の自由を奪ってしまいます。

そんな情景を彷彿《ほうふつ》とさせる文章が、「運夷第九」にあります。

持《ぢ》して之《これ》を盈《みた》すは其《そ》の已《や》むに如《し》かず。

「器を満たし続けるのは、もうやめたほうがいい」と言うんですね。これを人間という器に置き換えて考えると、「めいっぱいやり続けるのはよしなさい」ということでしょうか。

水がなみなみと注がれたコップを持ったときのように、めいっぱいやり続けていると、人間というものはだんだん頭の働きも行動も鈍ってきますからね。

平たく言えば「欲張るんじゃない」ということで、続く文章でも同じようなことを言っています。

揣《きた》へて之《これ》を鋭《するど》くすれば長《なが》く保《たも》つ可《べ》からず。

これは刀にたとえたもので、「鍛えに鍛えて刃先を鋭くしようとすると、もう一打ち余計にしたばかりに、全体がナマクラになってしまう」という意味です。もっと鋭く、もっと鋭くと欲張って打ちすぎてはダメなのです。

もう一つ、金銀財宝について語った件があります。

金玉堂《きんぎょくどう》に満《み》つれば之《これ》を能《よ》く守《まも》る莫《な》し。

いわゆる金銀財宝が家にいっぱいあると、気になってしようがないですね？　誰しも、遊びに出かけても「泥棒が入るんじゃないか」と気が気でないと思います。そうすると、金銀財宝に振り回されてしまうことになります。

欲張りは必ず咎めを受ける

これら三つの例でわかるように、「何事も欲張ると、必ずお咎《とが》めを受けるものだ」と、老子は言っています。

富貴《ふうき》にして驕《おご》れば　自《おのづか》ら其《そ》の咎《とが》を遺《のこ》す。

「ほどほどに豊かであれば、それでいいじゃないか。もっと、もっとと欲張って、さらに傲慢になるなど、やり過ぎ以外の何物でもない。自分で破滅を招くことになる」

人間というのは欲深ですから、栄耀栄華《えいようえいが》を極めてもなお貪欲に富を求め、傲慢なふるまいに終始するようになりがちです。ほどほどのところで満足することを知らないといけないのです。そこで、結論。

功《こう》成《な》り名《な》遂《と》げて身《み》退《しりぞ》くは天《てん》の道《みち》なり。

繰り返しますが、功成り名遂げたら、その後はもう出がらしのお茶です。人生の旨味がなくなってしまうのです。この言葉を通して老子は、「退《ひ》きどきというものを考えなさいよ」と言っているような気がします。

実は私自身、起業してしばらくは「仕事の依頼がゼロ」のときも少なくない大変苦しい時期を十年ほど過ごしましたが、四十代に入ってからどういうわけか依頼が急増してバブリーな時代がありました。

多いときは百人に近い社員を抱えていたでしょうか。お金がどんどん入ってきて、でも飛ぶように出ていく。外面的には会社の規模が大きくなり、周囲から優れた会社と言われるまでになりました。事業の成否という意味では、もっとも成功した時代でしたね。

しかし、その内実はと言うと、資金繰りに苦労する日々。それに、売り上げを高いレベルで維持向上させていくのは至難の業です。ちょっとでも落ちると、恐怖すら感じる状態でした。

このとき、老荘思想に助けられました。「あとは落ちていくのみ。いまが退きどきだ」と思えたのです。それで、会社を閉鎖。事業を大幅に縮小して、名前は同じだけれど新しい会社を興し、自分は経営の第一線から退きました。

「もし、あのまま突っ走っていたら」と思うと、ゾッとします。老荘思想はこんなふうに人生に役立てることもできるのです。

不祥事をも引き受ける

本章の最後にもう一つ、「柔弱は剛強に勝る」ことに関連した件を読みましょう。「任信第七十八」は、次の言葉で始まります。

天下《てんか》の柔弱《じうじやく》なるもの、水《みづ》に過《す》ぐるは莫《な》し。

「この世に水ほど柔軟なものはない」

このことは前にも紹介しましたが、老子は随所で繰り返し、水のように柔軟なものほど強いものはないと述べています。ここでも、この一文に続けて、「水は柔弱に見えて実は、鉄板のように堅いものにだって打ち勝つ。変幻自在にカタチを変えるから、相手を翻弄するんだよ」

というようなことを言っています。そして、「柔弱が剛強に勝る、なんてことは誰でもわかっていることだが、実行できる人は少ないんだ」としています。

「弱の強に勝ち、柔の剛に勝つ」

このことを忘れちゃいけない、ということですね。

公平無私の態度で臨む

そのうえで「任信第七十八」では、国のトップに立つ人のあるべき「柔の姿」を描き出しています。次の言葉は、リーダーへの進言と受け止めていいでしょう。

國《くに》の垢《あか》を受《う》くる、是《これ》を社稷《しやしよく》の主《しゆ》と謂《い》ひ、國《くに》の不祥《ふしやう》を受《う》くる、是《これ》を天下《てんか》の王《わう》と謂《い》ふ、と。


「社稷《しやしよく》」というのは耳慣れない言葉かもしれません。「社」は土地の神で、「稷」は穀物の神。中国古典では非常によく出てくる言葉です。

ちょっと脱線すると、伊勢神宮も内宮《ないくう》が「社」、外宮《げくう》が「稷」を司っているんですよ。

つまり、国を平らかに治めるために、土地の神と穀物の神を崇めているわけです。

その社稷の主たるリーダーは、「国の垢」を甘んじてその身に受ける。また、天下の王は「国の不祥」を受ける。どういうことかと言うと、組織には大なり小なり不名誉な不祥事や、思いも寄らぬ災いなど、しばしば良くないことが起こるものですよね？　そういう垢や不祥事も、あるがままに受け入れる。それもリーダーの役割だと言っているのです。

私はあまり好きな言葉ではありませんが「清濁併せ呑む」という表現が、これに近いかもしれません。ようするに、度量が大きい、ということですね。

良いことがあると喜んで飛びつき、「どうだ、すごいだろ、オレ様は」と自慢する。でも、悪いことが起きると、とっとと逃げ出す。あるいは、知らぬ存ぜぬの一点張りになったり、ごまかそうとしたりする。そんなふうでは、リーダー失格なのです。

なぜかと言うと、自分を強く見せる、良く見せることしか考えていないからです。柔軟ではないでしょう？

この「任信第七十八」は、次の有名な言葉で締め括られています。

正言《せいげん》は反《はん》するが若《ごと》し。

ここまで読んできて、もうお気づきだと思いますが、『老子』には逆説的な表現が多々見られます。これもそう。

「本当に正しいことは、往々にして世間一般の常識に反するものなんですよ」

老子は繰り返し、

「自分の常識で、善だ、悪だと判断している事柄を、逆から見てごらん。そこに真実があるんだ」

「善だの悪だのと分け隔てせず、物事はあるがまま、来るがままに受け入れなさい」

と言っています。

何事にも、思い込みや私的な感情を抜きにして、公平無私の態度で臨むことの重要性を説いているように思います。そのほうが常識に縛られて生きるよりは、ずっと多様な価値観を知ることができるし、思考や行動の自由も広がるというものです。

みなさんも、日々行動するなかでイヤな感情がわいてきたり、誰かと、何かと比べて自分は不幸だなどと悩んだりすることがあったら、一度頭を真っ白にしてみてください。現実をあるがままに受け入れることで、常識の裏側にある真理を見出し、事態を打破するきっかけがつかめるのではないでしょうか。

第六章

「絶対自由の境地」とは

――目指せ、名人・達人の領域

老荘思想のゴールは二つ

『論語』には、孔子の自叙伝ともとれる言葉があります。「吾十有五《われじふいうご》にして学《がく》に志《こころざ》す。三十にして立つ。四十にして惑《まど》はず……」（爲政第二―四）という、あの有名な件です。

このなかに孔子が何をゴールと目して学び続けていたのかがわかるところがあります。

七十《しちじふ》にして心《こころ》の欲《ほつ》する所《ところ》に従《したが》へども、矩《のり》を踰《こ》えず。

「自由奔放に、欲望の赴《おもむ》くままに生きても、周囲に迷惑をかけることも、人としてあるまじき行動をすることもまったくない、そういう境地に達した」

ふつう、自由奔放に生きる人というのは、身勝手ではた迷惑な人が多いものです。でも孔子は、学び続けたおかげで、高い人間性・社会性を崩すことなく、思いのままに生きられるようになったわけです。

孔子が到達したこのゴールは、私も「人生における成功」の一つのカタチであると考えています。

なぜ孔子の話をしたかというと、これが老荘思想の一つのゴールにも通じるからです。

そのゴールとは、私が「絶対自由の境地」と呼んでいるもの。「はじめに」でお話ししたように、人生を曇りのない目で見つめ、何物にも冒《おか》されずに自らの思うところに従って愉快に生きていくこと。それが「絶対自由の境地」です。

その象徴として「市中の山居」――欲望渦巻くこの世にあっても、シンとした山奥に一人静かに佇《たたず》むような空間を保持する自分であることが大切だ、というお話をしましたね。ようするに、心根の問題。いま自分が置かれている環境や状況とは関係なく、何物にも煩わされず、心のままに自由に生きる。老荘思想では、そんな境地に達することを一つのゴールとしています。

実はもう一つ、ゴールがあるんです。というより、「絶対自由の境地」は、もう一つのゴールを内包している、という感じでしょうか。それが「名人・達人の領域」です。

これは、人生を生きるなかで、困難や苦しみさえも楽しみながら自分を磨き、卓越していくことで得られる境地です。この「名人・達人の領域」に達して初めて、あるがままの現実を受け入れ、しかも思い通りに、愉快に生きることができるのです。

実は私は、人生というのは人間が卓越するためにあると考えています。長い人で人生百年、その間に何かの分野で、あるいは生き方そのものに卓越して「名人・達人の領域」に到達して、「絶対自由の境地」に遊ぶ。そこにこそ、人生の醍醐味があると思うのです。

もちろん、そのゴールに達するまでには、七転八倒する日々が続くものです。老荘思想というと「無為」とか「自然」「不争」といった言葉のイメージからか、苦労せずにお気楽に生きることだと思いがちですが、ちょっと違います。

たしかに「いろんな呪縛《じゅばく》から解放されてラクになりなさい」と言っています。でも、「怠けて気楽に暮らしなさい」とは言ってません。内なる声の命ずるままに生きて、「道」のような偉業を成し遂げなさいと、名人・達人になることを示唆しているのです。

その域に達するのは、容易ではありません。さまざまな出来事に直面し、失敗や挫折を重ねながら、ゴールに近づいていくのです。でも、その先に「絶対自由の境地」があると思えば、苦労も苦労ではなくなります。ワクワクするくらい、おもしろいんですね。

苦境こそがチャンスだ

私が老荘思想的に生きている人物として注目してきたイチローも、「絶対自由の境地」を見据えていたからこそ、修行僧のように鍛錬し続けたのだと思います。自分を鍛える、技術の研鑽《けんさん》を重ねる部分で、周囲から見れば尋常ではない苦労をしています。でも、その苦労すら楽しんできたようです。

もちろん、イチローとて何度も壁にぶち当たっています。とくにメジャーに行った当初、日本のプロ野球でやっていたことが通用しないと悩んだそうです。

「力技では勝てない。それ以外に有効な手段は何か」

そう考え抜いた末に、「はずす」という手法を見出したのも、そのなかの一つでしょう。

相手のピッチャーが力ずくで「打ち取ってやる。いくぞ！」と向かってきたときに、タイムをかけてバッターボックスをはずす。すると、ピッチャーは仕切り直しせざるをえなくて、次にふりかぶったときにはどうしてもパワーダウンし、甘い球がくる確率が高まります。そこを狙いすまして打つわけです。ちょっとしたことですが、絶妙にタイミングを外すと、大きな力となります。そういうことも、勝負に勝つ秘訣なんですね。

ほかにもイチローは、柔軟に構えるとか、頭の切り替えを早くする、当たり損ねでいいから野手のいないところに球を落とす……そういったこともパワーのうちだと発見して、メジャーでも有数の選手になったのです。非常に老荘的だと思いますね。

自分の得意ワザが通用しないアメリカの舞台で、力ずくではないパワーを見つけ出して活用し、勝つという〝イチローモデル〟は、日本が世界で仕事をするときの典型例になりうるのではないかと思うほどです。

イチローの話はさておき、「名人・達人の領域」に達するプロセスがラクではないという意味では、とくに若いころは世俗的な欲に任せて突っ走ったっていいと思います。

そうするうちに必ず壁に突き当たったり、人生が暗転したりして、悩みを深める時期を経験することになるからです。そのマイナスの局面を迎えたときに、老荘思想を思考の軸の一つとして持っておくと、

「やり過ぎたかな」

「強引過ぎたかな」

「策に溺れたかな」

「ムリをしたかな」

といったことが見えてくる。それによって、「名人・達人の領域」へと向かう人生の軌道修正を図ることが可能になるのです。

だから、いま行き詰まって苦境に立たされているとしても、それはゴールに達するために必要なプロセスだと捉えるといいでしょう。何か問題が起きたら、

「しめた！　名人・達人の境地にまた一歩近づけるぞ」

と喜ばなくてはいけないくらいなのです。

世間一般の常識から言えば、苦しいことやつらいことなど、自分が追い詰められるようなことは、避けられるなら避けたほうがいいとされるでしょう。でも、老荘思想的に言えば、絶好のチャンスなのです。

イチローだって、全然打てないときは、食事が喉を通らないくらい悩み苦しみますが、どこかで明るい。それは、「しめた！　この状況を突破すれば、また次の領域に行ける」という心境になるからでしょう。

だから、問題を避けるなど、とんでもない。「よし、来い！」と正面からぶつかり、発想を百八十度転換させて打開策を練っていく。そうすることで、自分自身を向上させていくことができるのです。「苦も楽のうち」という感覚で捉えるといいと思います。

挑戦に終わりはない

『老子』の正式名称は『道徳経』ですが、道徳を倫理とかモラルと解釈すると、ちょっと違います。それよりも「生じ、養う」という意味合いが非常に強い。「価値を創造する」ことの重要性を意味する言葉と受け止めてもらっていいんじゃないでしょうか。

たとえば、幕末から明治、大正にかけてさまざまな事業に取り組み、「日本資本主義の父」とも称される渋沢栄一は、「道徳・経済一元論」を提唱しました。そこには「経済においては、倫理・モラルを重視しなくてはいけない」という意味もありますが、一方で「価値を創造していくことが経済である」と言っているようにも受け取れます。

その辺を老子は「養徳第五十一」のなかで語っています。

道之《みちこれ》を生《しやう》じ、徳之《とくこれ》を畜《やしな》ひ、物之《ものこれ》を形《かたち》づくり、勢之《いきほひこれ》を成《な》す。

「之」は、自分でもあなたでもいい。生きとし生けるものすべてを指します。その「之」は「道」によって生み出され、徳によって養われている。私が道徳を「生じ、養う」と言ったことは、この部分に表われています。

そうして生じ、養われたものが、しだいにはっきりとした形をとってゆき、自然の力のままにそれぞれの役割を任じて、この世を形成していく。これは、前にお話しした「生生化育」ですね。

このことをもって、老子は「万物《ばんぶつ》、道を尊《たっと》び徳《とく》を貴ばざるは莫《な》し」、すべてのものは「道」を尊重し、「徳」を奉じなければならない、としています。噛み砕いて解釈すれば、「あなたは自分一人で生まれ、成長してきたように思っているかもしれないけれど、人間というのはそんなに偉そうなものじゃない。道に生んでもらって、徳に養われて存在させていただいているんだ。そういうことを考えてみなきゃいけないよ」

ということでしょう。さらに老子は、

「道や徳が尊いのは、誰に命じられたわけでもなく、そうすることが自然だというように『生じ、養う』ことをやり続けているからだ。道は万物を生み、育て、成熟させ、養い、庇護《ひご》している。宇宙には、そういう力が間断なく働いているんだよ」

と、くどいくらいに言い募っています。そして、明言するのです。

生《しやう》じて有《いう》せず、為《な》して恃《たの》まず、長《ちやう》じて宰《さい》せず。是《これ》を玄徳《げんとく》と謂《い》ふ。

「そんなすごい働きをしているにもかかわらず、道は自分が生み出したものを自分のものとはせず、それに頼ることもなく、立派に成長した後も支配してやろうなどとは思わないし、支配することもない。これを玄徳という」

常に変化を受け入れる

この「養徳第五十一」で注目すべきは、「道」は常に淡々と偉業を成し続けている点にあります。

ふつう、人は一つのことを成し遂げると、それでオシマイ。「目標を達成して頂上に立つってのは、居心地のいいもんだなぁ」とばかりに、そこに居座ろうとするものです。

しかし、頂上に居座ることが目的だったんですか、ということです。その辺を、再びイチローの例で説明しましょう。

イチローは二〇一〇年、大リーガー史上初の「十年連続二百本安打」を達成しました。「どうして十年もの間、たゆまず努力を続け、そんな新記録を打ち立てることができたんですか?」という質問に、彼はこう答えています。

「記録を達成して頂上に立ったとき、すぐに次の頂上が見えるからだ」

イチローは頂上に着いた瞬間、次に登るべき山の頂上が見える。いや、瞬間というのは正確ではないですね。頂上に立ったら、まず十分に満足感を味わうそうです。といっても、そんなに長い時間ではないでしょう。

なにしろ、満足感を味わうや、すぐに次の頂上が見えてくるのですから、長く居座っている場合ではありません。だから、常に新しい課題に向かって、登り続けていくことができるのです。

もっと言えば、常に新しい山に挑戦することになるので、やり方を変えていく必要が生じます。しかも、自分自身も年齢を重ねるにつれて、変化していきます。その場合に生きるのが「陰陽和す」という考え方です。

イチローは闇雲《やみくも》に頂上を目指すのではなく、目指す山の困難さに耐えうる技術を磨いたり、肉体の衰えを精神力でカバーしたり、陰陽のバランスをとりながら挑戦を続けてきた。その辺も老荘思想っぽいな、と思いますね。

重要なのは、変化を受け入れて、それに対応してどうバランスをとっていけばいいかを考えて研鑽を積んでいくこと。すると自分自身のあり方が見えてきます。

私が見たところ、イチローは練習も含めてプレイをする一瞬、一瞬に、自分のあり方を確認しているように思えます。

たとえば、バッターボックスに入ったとき、バットを立ててスーッと腕を伸ばす独特のポーズをとりますね？　あれは何をしているのかと言うと、自分の意識がどのくらい冷静かを測っているのです。

バットをピッチャーにピッと合わせてみて、ズレがあると冷静ではないと判断する。それで打席をはずして、精神を立て直し、再びピッと合わせる。そこでまた合わなければタイムをとる。だいたい二回くらいで合うようですが、自分が冷静でなければ勝負にいかないんです。

また、守備についているときも、ときどき右手のほうをチラチラと眺めます。あれは「野次を飛ばす観客を睨《にら》んでるんじゃないか」なんて言われますが、そうではないでしょう。何か基準にしているものがあって、それを視線に入れたときにブレがないか確かめている。やはり、精神状態を測っているのだと思います。

守備につく前の打席でタイムリーヒットや逆転ホームランを打つなど、いい仕事をすると、いかにいつも冷静なイチローだって舞い上がります。逆に、チャンスで凡退したり、盗塁を失敗したりすると、落ち込みます。だからこそ、守備についたら、自分の心がまだ打席のショックを引きずっていないか、チェックしておく必要があるのです。

物事に一喜一憂せず、常に冷静な状態をつくるには、イチローのように常に自分の状態を確認することが大切なのです。

名人・達人の境地へ

以上をまとめると、「養徳第五十一」は、おもに二つのことを伝えています。

一つは、「道」が太古の昔からずっと、誰に命じられたわけでもないのに「万物を生み、養い、支えるという偉大な仕事をやり続けている」ように、人間の挑戦にも終わりはない、ということです。一つの仕事を成し遂げて頂上に立ったら、その瞬間に新しい山の頂上が見えるようでなければいけないのです。

そしてもう一つは、「道」が常に我を忘れることなく冷静に、淡々と仕事に取り組みながら偉業を成し続けているように、人間もどんな状況にあろうと一喜一憂せずに自分の精神を冷静に保ち、自分自身のあり方を考えなくてはいけない、ということです。

この二つのメッセージは、そのまま「名人・達人の領域」に到達する生き方と言えるでしょう。

「ふつう」が一番

イチローは「ふつう」という言葉を多用します。前項で述べたバッターボックスに入ったときや守備についたときに決まって行う動作も、いわば精神状態がふつうであるかどうかを確かめるためのものだと言えます。

ふつうを保てるかどうか、それが「名人・達人の領域」に達する第一歩というふうに捉えてもいいのではないでしょうか。

荘子も「養生主第三」のなかで「ふつうが一番」だと言っています。まず、冒頭の文章を読んでみましょう。

吾《わ》が生《せい》や涯《はて》有《あ》りて、知《ち》や涯《はて》無《な》し。

「私の人生には限りがあるけれど、知ることには際限がない」

そんな当たり前の事実から始まり、その後に荘子特有の言い回しが続きます。

涯有《はてあ》るものを以《もつ》て涯無《はてな》きものに隨《したが》へば、殆《つか》るるのみ。のみにして知《ち》を爲《な》す者《もの》は、殆《つか》るるのみ。

「命に限りがあるのに、際限のないものを追求するなんて、それは疲れることだよ。それでもまだ知を追求することをやめない人は、疲れるだけの一生になってしまう」

文字通りに読むと、知の追求に対する強烈な皮肉です。本当に言いたいのは、「どうして、自分にとって本当に大事な真理をつかもうとしないんだい？」ということでしょう。

次の件で、「ふつう」が一番だと言っています。

善《ぜん》を爲《な》しては名《な》に近《ちか》づくこと無《な》く、惡《あく》を爲《な》しては刑《けい》に近《ちか》づくこと無《な》く、督《とく》に縁《よ》りて以《もつ》て經《けい》と爲《な》さば、以《もつ》て身《み》を保《やす》んず可《べ》く、以《もつ》て生《せい》を全《まつた》うす可《べ》く、以《もつ》て親《おや》を養《やしな》ふ可《べ》く、以《もつ》て年《とし》を盡《つく》す可《べ》し。

善も悪もなく、善悪を超越することをよしとするのが荘子の考え方です。したがって、「善いことをして名誉を得るとか、悪行を働いて刑罰を受けるといったことをしてはいけない」というのです。ならば、何がいいのかと言うと「督《とく》」、善と悪の中間である「ふつう」を基準にするのが一番いい。ふつうに暮らし、ふつうに人生を送り、親を大事にして天寿を全うする。それを一番重要なこととしているのです。

「力技」は不要

ここから先は、「庖《ほう》」、つまり料理人の丁《てい》さんの寓話になります。私たちが料理するときに使う「包丁」という言葉の由来になったお話です。あらすじを紹介しましょう。

料理人の丁さんがあるとき、文恵君《ぶんけいくん》という魏《ぎ》の君主の前で牛を解体して見せました。その動作が非常に美しい。しかも、皮をはがしたり、肉をさいたりするときの音が響き渡り、音楽を聴いているよう。文恵君は感嘆して言いました。

「料理の技術はかくも高いレベルにまで達するものなのか」

ところが、丁さんは「技術」という言葉に引っかかったのか、こう答えました。

「私は道を修めようとしています。技術は二の次なのです。牛の解体を始めて三年ほど、私の目は牛だけを見ていました。でも、いまは目ではなく心で牛を感じながら解体しています。手先が自然と動いて、刀が骨に当たることもなく、肉と肉の隙間にスッと入っていくのです。

名人と言われる人でも、年に一度くらいは刀を替えます。下手な料理人だと、月に一度でしょう。それは骨を切って刃こぼれしてしまうからです。ところが、私はもう十九年も同じ刀を使っています。数千頭の牛を解体してきましたが、刃はいつも研《と》ぎたてのようです。

とはいえ、私とて筋の集まった部分を切るときは、難しいところにきたと落ち着かなくなります。慎重にやれよと自分に言い聞かせます。そして、ゆっくりした動作で、刀を微妙に動かします。やがて肉が骨からバサリと音をたてて切り落とされると、思わず周囲を見渡して『やった！』と快哉《かいさい》を叫ぶほど、得《え》も言われぬ喜びに満たされます」

この話を聞いて文恵君は「生を養う方法が、より善い人生をどう歩むべきかが、よくわかったよ」と嘆息したのでした。

この寓話のポイントは、三つあります。

一つは、視覚を頼りにせず、心で感じるままに行動して卓越した技術を発揮する、その域にまで達した人こそが名人・達人である、ということです。そのプロセスはすなわち、自分をより高いところへと導いてくれる、見えない・聞こえない・つかめない「道」の意思を感じるための修業なのです。

奇《く》しくもイチローも、同じことを言っています。

「自分の目がピッチャーを見ているときは、全然ダメだった。心と体でピッチャーの動きを感じるようになってから、思い通りに打てるようになった」

卓越した技術というのは、小手先のことではなく、「道」を体得・感得する修練を積んだ末に身につくものなんですね。

第二のポイントは、名人・達人は「力技」を必要としないことです。丁さんが肉と肉の隙間にスッと刀をいれてさばいたように、自然そのものが持つ力をうまく利用するのです。

イチローで言うなら、ベースランニングをするとき、二塁を回る辺りから自分で走るのをやめるそうです。慣性に身を任せるのです。そんなふうに自然の力を利用したほうが、速くホームベースを駆け抜けることができるといいます。

また、横綱の白鵬《はくほう》は「一番調子のいいときの勝ち方は、自分が知らないうちに土俵に知らないうちに相手の回しを取り、知らないうちに投げていて、気がついたら相手が土俵下にころがっている、という感じで相撲がとれているものだ。力も入れないのに、体が勝手に動いていて、周囲からも見事な勝ちっぷりだと言われる」と語っています。

私自身は白鵬のことをよく知らなかったのですが、三十年相撲解説をしている方からいろんな話を聞くにつけ、彼もまた老荘思想の実践者だと感じています。

ちょっと横道にそれますが、「すごいな」と思ったのは、白鵬の体が非常に柔軟なことです。対戦相手が突っ張りを繰り出すと、ふつうは跳ね飛ばせるのに、白鵬に限っては手がずぶずぶと彼の体内に吸い込まれるようになるというのです。

簡単に言えば、体がものすごく柔らかいから、突っ張りの衝撃を吸収するのでしょう。生来の素質もあるでしょうけど、白鵬は入門当初は七十キロくらいしかなかったと聞いています。一生懸命太る過程で、天下無敵というくらいの柔軟な肉体を自ら創り出したのではないかと睨《にら》んでいます。

こういうところも、老荘思想的。「柔弱は剛強に勝る」ということですね。

いかに自分の心を「ふつう」に保つか

話を元に戻しましょう。第三のポイントは、「微妙」という課題をクリアすると、名人・達人のレベルがまたぐっと上がることです。いかに技術に習熟しても、微妙なところでしっくりいかない部分は残るものです。その「微妙」に挑戦し、クリアし続けることを醍醐味とするのが名人・達人でもあるのです。

これについては前項で触れた「頂上に着いた瞬間に、新しい頂上が見える」のと同じ。イチローが実践してきたことです。

このように、心の感ずるままに自然と、微妙な感覚まで捉えて体が動くようになるためには、いかに自分の心を「ふつう」に保つかが大切なのです。

「ふつう」を重視するのは、イチローだけではなく、将棋の羽生善治《はぶよしはる》名人もそうです。史上初の七冠王を達成したとき、彼は、

「十年、二十年、三十年、同じ姿勢で同じ情熱を傾けられることが才能だと思っています」

と語っています。

それはまさに、「ふつう」であることにほかなりません。

卓越した技術を追求していると思える名人・達人が、実は「ふつう」を追求しているとは、おもしろいですね。ここに、「名人・達人の領域」に達するための一つのキーワードがあるのではないでしょうか。

世のため、人のため

「絶対自由の境地」とか「名人・達人の領域」といったゴールを目指すことには、何となく「個人の勝手でしょ」というようなイメージがあるかもしれません。

しかし、『老子』にはちゃんと、それが「世のため、人のため」にもなることが示されています。「修観第五十四」では、まず「道」に基づいて生きていけば、子々孫々まで「道」の恩恵や教えがつながっていくことが語られています。

つまり、「道」を修めたなら、歴史の縦の軸に対しても貢献できるというのです。続く文章では、「道」を修めることにより、いかにすばらしい世界が形成されるか、という論が展開します。

之《これ》を身《み》に修《をさ》むれば、其《そ》の徳乃《とくすなは》ち眞《しん》。之《これ》を家《いへ》に修《をさ》むれば、其《そ》の徳乃《とくすなは》ち餘《あまり》あり。之《これ》を郷《きやう》に修《をさ》むれば、其《そ》の徳乃《とくすなは》ち長《なが》し。之《これ》を國《くに》に修《をさ》むれば、其《そ》の徳乃《とくすなは》ち豐《ゆたか》

なり。之《これ》を天下《てんか》に修《をさ》むれば、其《そ》の徳乃《とくすなは》ち普《あまね》し。

「之」とは「道」のこと。「道」を個人の身に修めていくなら、その徳は確かなものである。そういう「道」と「徳」をしっかり持っている人である「真人」が家を形成すれば、その徳は余りある。同様に、「道」を修めた人々ばかりならば、村も国も徳に満ち、天下は徳にあふれた社会になる。こんなふうに、一人ひとりの人間が「道」を修めれば、徳が広く社会に充満していく様を表現しています。

だからこそ、個人が「道」を修めることは重要だし、社会的に意味のあることと言えるわけです。

そして老子は、「道」をしっかり体得しているかどうかで、個人・家・村・国・天下の状況がわかるとしています。どう体得していればいいのかということが、冒頭の文で示されています。

善《よ》く建《た》つる者《もの》は抜《ぬ》けず。善《よ》く抱《いだ》く者《もの》は脱《だつ》せず。

地にしっかり建てられたものが絶対にひっこ抜けず、胸にしっかり抱きかかえられたものが万が一にも抜け落ちないように、何があろうと左右されないくらい「道」を自分のものにしているか。それを、「道」を体得・実践しているか否かの判断基準としているのです。

このように、「道」を修めて「絶対自由の境地」「名人・達人の領域」に到達することは、決して自分のためだけではない。世のため、人のためになることなんだ、ということを覚えておいてください。

すばらしい生き方というのは、黙々と実践する人を通して、自然と広がっていくものなのですね。

愉快に、平穏に長生き

愉快に、平穏に長生きする——人生においては、それ以外に望むことはないのではないでしょうか。

そもそも、老荘思想がゴールとする「絶対自由の境地」「名人・達人の領域」というのも、長生きしなければ達成できません。そこに至るプロセスには苦労がいっぱいあるけれど、達成した暁には「心のままに自由に遊べる」日々が待っていると思うと、苦を苦と感じない、心のざわつきもない、非常に愉快な毎日が送れます。

だから、この二つのゴールは、言い換えれば「愉快に、平穏に長生き」ということでもあるのです。

幸い、いまの日本は「長寿社会」を形成しています。夢のような社会ですね。それなのに、現実は長寿が罰則みたいになって、「早く死んだほうがいい」と考える人も少なくありません。「生きる楽しみ」を見出せないことが、大きな原因ではないでしょうか。

そうならないように、長寿と生きる楽しみをセットで味わい尽くすためにも、老荘思想を学ぶ意味があるように思います。必ずや、さまざまな価値観や常識、世俗的な欲望などの呪縛から解放され、自分の好きな分野を極めながら卓越して、思うままに生きる自由が手に入ります。それこそが、生きる喜びというものではないですか？

人から笑われるくらいでちょうどよい

最後に、老荘思想で重要な概念である「道」について、老子が最も直接的に語っている「同異第四十一」の文章の冒頭だけ読んでおきましょう。ここまで老荘思想を学んできたみなさんは、頭にスッと入ってくると思います。

上士《じやうし》は道《みち》を聞《き》けば、勤《つと》めて之《これ》を行《おこな》ひ、中士《ちゆうし》は道《みち》を聞《き》けば、存《そん》するが若《ごと》く亡《な》きが若《ごと》く、下士《かし》は道《みち》を聞《き》けば、大《だい》として之《これ》を笑《わら》ふ。笑《わら》はざれば以《もつ》て道《みち》と為《な》すに足《た》らず。

ここは、「道」に対する捉え方の違いを、上士、中士、下士で説明したものです。

上士は「道」という存在を聞けば、宇宙の根源である道のあり様を自己のあり様とする。次の中士は、「道」が存在するような、存在しないような、半信半疑で、「道」を信じて追求しようとはしない。一番ダメな下士は、「道」なんてものは何の役にも立たないとばかりに大笑いする。下士はこんなふうに考えるのでしょう。

「『道』なんてもので暮らせやしないよ。世の中はせちがらいよ。競争だって壮絶で、みんなが我先に富の奪い合いをしているよ。『道』を信じたところで、生きていけないよ」

こういう下士の態度を逆手に取って、老子は言うのです。

「人から笑われるくらいでないと、道を体して生きていることにはならないんだ。『道』がわかっている人は常識とはまったく反対の発想や行動をするから、世間の人からは『変わった人だねぇ』と見られて当たり前さ」

本書を読み始めたころは、なかには下士のような思いがよぎった人もいるでしょう。でも、いまはどうですか？　「笑われてやろうじゃないか」という気持ちになっているのではないかと思います。

この後に、老子特有の逆説的な人生論が続きますが、書き下し文だけ紹介しておきましょう。

道《みち》に明《あきら》かなるものは昧《くら》きが若《ごと》く、道《みち》を進《すす》むものは退《しりぞ》くが若《ごと》く、夷道《いだう》は類《るゐ》なるが若《ごと》く、上徳《じやうとく》は俗《ぞく》なるが若《ごと》く、大白《たいはく》は辱《じよく》せるが若《ごと》く、廣徳《くわうとく》は足《た》らざるが若《ごと》く、建徳《けんとく》は偸《とう》なるが若《ごと》く、質眞《しつしん》は渝《ゆ》なるが若《ごと》し。大方《たいはう》には隅《ぐう》無《な》く、大器《たいき》は晩成《ばんせい》し、大音《だいおん》は聲《こゑ》希《な》く、大象《だいしやう》は形《かたち》無《な》し。道隠《みちかく》れて名《な》無《な》し。夫《そ》れ唯道《ただみち》のみ善《よ》く貸《か》し且《か》つ成《な》す。

「夷道」とは、平らな道。「類」とは、平らでないこと。「大白」とは、真なる潔白。「建徳」とは、確かな徳。「偸」とは、はかないこと。「質真」とは、変わらぬ質実。「渝」とは、変わり易いこと。

意味は何となくわかりますね？　老荘思想は感じるものなので、「はっきりとわからないのも、いいものだなぁ」という感じで味わっていただければと思います。

末筆ながら、ここまで多くの書き下し文を紹介しましたが、繰り返し音読することをお勧めします。漢文というのはそうするうちに、頭にスルスルと入ってくるものなのです。

そして、本書をきっかけに、ぜひ『老子』『荘子』の全文を読んでみてください。見えない・聞こえない・つかめない「道」を感じながら、「絶対自由の境地」「名人・達人の領域」を目指して、「愉快に、平穏に長生き」していただきたい。それが私の願いです。

おわりに

『論語の一言』に引き続いてこの本も、慶應丸の内シティキャンパスの「田口佳史さんに問う中国古典【老荘思想】」という連続講義をベースとしています。

この講義は、いま考えてもウキウキするような気分が蘇《よみがえ》って来る、実にエキサイティングなものでした。

何よりも受講生の方々の気持ちが良かった。

この講義に対する期待や参加に対する意欲が高く、ただ聴いているだけという人は一人もいない。自分も役割りを与えられたキャストの一人なのだと思っているかのような発言や質問が相次ぎ、六回の講義は毎回知的興奮を味わいつつ終わるという結果になりました。

最初のうちこそ、「老子の言うことは理想だけれど、なかなか達観したような境地になれない」「結果が求められる競争社会で戦々恐々と身をすり減らしている現代にあって、老荘的な生き方をしても浮いてしまうのではないか」といった反発も多かったのですが、『老子』『荘子』を読み解くにつれて、しだいに変化していきました。

「ちょっと心を遊ばせることの重要性が身にしみた」「現状の苦しさから自らを解き放つ一方で、その苦しさが楽しくなる達人の道を歩んでいきたいと思った」「世のしがらみや価値観に自縄自縛《じじょうじばく》されていたけれど、何だか力が抜けて柔らかくなっていく感じがした」など、老荘思想をうまく利用して生きる道筋が見出せたのではないかと思います。

老荘思想の説く「無」の体得に少しずつ近づいていく受講生のみなさんの姿に、講師としては感じ入るところが多々ありました。

老子の真の持ち味は、宇宙の彼方の黙《しじま》にある「寂寥《せきりょう》感」にありますが、丸の内の最先端のビルの一室が、しばしば瞬間的に宇宙空間に変質するのを感じたものです。

普通ではなかなか得難い経験をさせていただきましたこと、受講生のお一人お一人に心から感謝致します。

と同時に、自らもご熱心に参加され、全体をリードして下さった慶應MCCの城取一成さん、湯川真理さんには、改めて心より御礼を申し上げます。

一冊の本がこうして誕生するまでには、多くの労苦が費やされるものですが、光文社の槌谷昭さん、協力者の千葉潤子さんのご尽力は誠に欠かせないものでした。
心から感謝申し上げます。

祖師谷の玄妙館にて　田口佳史

本書は慶應丸の内シティキャンパス夕学プレミアム『agora』（アゴラ）における講座「田口佳史さんに問う中国古典【老荘思想】」二〇一〇年四月二〇日～七月六日・全六回）をもとに、構成のうえ編集したものです。

出典・『新釈漢文大系　老子・荘子』（明治書院）

知恵の森
KOBUNSHA

老子《ろうし》の無言《むごん》
人生《じんせい》に行《い》き詰《づ》まったときは老荘思想《ろうそうしそう》

著　者──田口佳史（たぐち よしふみ）

2014年　7月20日　初版1刷発行

発行者──駒井　稔
組　版──萩原印刷
印刷所──萩原印刷
製本所──ナショナル製本
発行所──株式会社 光文社
東京都文京区音羽1-16-6 〒112-8011
電　話──編集部(03)5395-8282
書籍販売部(03)5395-8116
業務部(03)5395-8125
メール──chie@kobunsha.com

ISBN978-4-334-78653-3　Printed in Japan